从0到1

科技原始创新初探

汪寅·著

中国经济出版社
CHINA ECONOMIC PUBLISHING HOUSE
·北京·

图书在版编目（CIP）数据

从 0 到 1：科技原始创新初探 / 汪寅著. -- 北京：中国经济出版社，2021. 11

ISBN 978 - 7 - 5136 - 6748 - 7

Ⅰ. ①从… Ⅱ. ①汪… Ⅲ. ①技术革新 - 研究 - 中国 Ⅳ. ①F124. 3

中国版本图书馆 CIP 数据核字（2021）第 244486 号

责任编辑 彭 欣
责任印制 巢新强
封面设计 任燕飞装帧设计工作室

出版发行 中国经济出版社
印 刷 者 北京艾普海德印刷有限公司
经 销 者 各地新华书店
开　　本 710mm × 1000mm 1/16
印　　张 13. 5
字　　数 180 千字
版　　次 2021 年 11 月第 1 版
印　　次 2021 年 11 月第 1 次
定　　价 88. 00 元
广告经营许可证 京西工商广字第 8179 号

中国经济出版社 **网址** www. economyph. com **社址** 北京市东城区安定门外大街 58 号 **邮编** 100011
本版图书如存在印装质量问题，请与本社销售中心联系调换（联系电话：010 - 57512564）

目 录

第1章　导　言

1.1　从0到1——从我国科技原始创新能力谈起

2013年10月21日，习近平总书记在欧美同学会成立一百周年庆祝大会上的讲话中强调："创新是一个民族进步的灵魂，是一个国家兴旺发达的不竭动力，也是中华民族最深沉的民族禀赋。在激烈的国际竞争中，唯创新者进，唯创新者强，唯创新者胜。"中华民族是富有创新精神的民族，创新精神是中华民族生生不息、发展壮大的强大动力。在古代，中国的青铜大鼎上就镌刻有"苟日新，日日新，又日新"的格言警句，在中华民族的血脉传承中埋藏了深厚的创新基因。当今世界，创新种类繁多，形式各异、各具特色，其中原始创新占据独特而重要的地位。原始创新是一个国家核心竞争力的集中体现，是当今世界科技竞争的制高点。原始创新表明从无到有，从0到1的质变，蕴含着"道生一"的智慧，是引发其他创新的根源与基础，是开启多种可能性，增添世界多样性与丰富性的活水源泉。

党的十八大以来，中国特色社会主义进入新时代，我国的科技实力、研发能力不断提升，"天宫""蛟龙""天眼""天问""悟空""墨子""九章""大飞机""北斗"等重大科技成果相继问世。高铁、人工智能、移动支付、5G技术、量子通信、金融科技等处于世界领先地位，一些科技前沿领域开始进入并跑、领跑阶段。在这一过程中，我国科技原始创新能力得到极大提升。但总体来看，我国与世界科技强国间仍然有较大差距。尽管近年来我国科研水平与科技创新能力都取得了长足进步，但原始创新能力不强、原始创新成果较少依然是不争的事实。比如，象征着原始创新顶尖水平的诺贝尔自然科学奖，到目前为止，中国籍科学家只有屠呦呦院士1人获得该项荣誉。这种状况与传统的诺贝尔奖强国，如美国、日本、德国等相比差距很大。在核心技术和重大创新产品开发方面，我们与科技强国间也有较大差距，很多高技术领域存在受制于人的“卡脖子”现象，如代表着中国高技术创新型企业的华为公司，因为芯片制造方面的短板而被美国技术封锁和恶意打压后，面临着“无芯”可做，进而在5G市场占有率大幅下降的困境。因此，无论是学术界还是产业界，对中国在原始创新上“不尽如人意”的现状一直忧心忡忡、如鲠在喉。因而，提升我国科技原始创新能力，在全球科技原始性创新中占据突出位置，是我国迈向科技强国、建设社会主义现代化强国征程中，无法绕开更是不可或缺的关键一步，是当前和今后一段时期我国迫切需要解决的重大现实问题。以习近平同志为核心的党中央把创新摆在国家发展全局的核心位置，高度重视科技创新，围绕实施创新驱动发展战略，加快推进以科技创新为核心的全面创新，提出了一系列新思想、新论断、新要求。习近平总书记在党的十九大报告中深刻指出：“要瞄准世界科技前沿，强化基础研究，实现前瞻性基础研究、引领性原创成果重大突破。加强应用基础研究，拓展实施国家重大科技项目，突出关键共性技术、前沿引领技术、现代工程技术、颠覆性技术创新，为建设科技强国、质量强国、航天强国、网络强国、交通强国、数字中国、智慧社会提供有力支撑。”[1]

1.1.1 理论意义

认识原始创新活动的本质和规律需要理论探索。目前，学术界对于原始创新理论的研究尚处于初步探索阶段，对原始创新的要素、动力、社会环境、文化氛围、内在过程与机制等基础性理论问题的研究还比较缺乏，然而这些基础性理论问题正是理解原始创新活动的重要基础。原始创新有其独特的机制和特点，如原始创新的激发因子、构成要素，配套的科研管理体制与机制，创新文化氛围、学术带头人，创新团体等都是原始创新研究不可或缺的理论支撑。原始创新方法、技法及原创思维的特点、原创型人才的特质、原创型团队建设等一系列理论问题也有待进一步探索。理论是实践的先导，加强原始创新的理论研究对于加强我国科技原始创新，实现基础研究与高新技术领域的跨越式发展有着重要的引导和促进作用。

1.1.2　现实意义

1. 补齐原始性创新能力不足的短板，加快科技强国建设

长期以来，我国科技界一直为原始创新能力不足所困扰。诺贝尔自然科学奖长期缺失曾经是我国科技界“不能承受之重”；核心技术专利长期为国外企业把持是我国企业界的“难言之隐”；学术腐败、论文质量下滑、学术崇洋也是我国学术界的“心头大患”。进入 21 世纪，国际竞争格局正在发生深刻的变化。基础研究和高技术研究前沿领域的原始创新能力，已成为决定国家间科技乃至经济竞争成败的重要基础条件。原始创新作为科技创新的主要源泉，不仅带来科学技术的重大突破，而且带动了新兴产业的崛起和经济结构的变革，还提供了科技与经济重大发展和超越的机会。目前，我国正处于全面建设社会主义现代化国家的新阶段。习近平总书记在党的十九届五中全会上指出：“全面建成小康社会、实现第一个百年奋斗目标之后，我们要乘势而上开启全面建设社会主义现代化国家新征程、向第二个百年奋斗目标进军，这标志着我国进入了一个新发展阶段。”新发展阶段要开启全面建设社会主义现代化国家的新征程，意味着我国要立足新发展阶段，以新发展理念为指导，加快构建以国内大循环为主体、国内国际双循环相互促进的新发展格局，实现我国经济社会高质量发展。无

论是新发展阶段、新发展理念、新发展格局，还是实现高质量发展，都必须建立在我国科技创新，特别是原始创新取得突破性进展的基础上。因此，如何促进我国科技的原始创新成为一个重要又迫切的现实问题，必须把增强原始创新能力作为我国新时期科技发展战略的一个重要突破口。只有不断加强对原始创新规律的探索，才能在科技发展的过程中充分调动一切有利因素，克服不利条件，使我国科技原创能力不断增强。

2. 适应复杂国际竞争环境，抢占科技发展制高点

当今世界正经历百年未有之大变局，新一轮科技革命和产业变革正处在实现重大突破的历史关口，我国发展面临的国内外环境正发生着深刻、复杂的变化。我们要牢牢抓住这一轮科技革命和产业变革的历史机遇，抢占未来经济和科技发展的制高点，努力成为世界主要科学中心和创新高地，就必须更加注重原始创新。只有加强科技创新特别是原始创新，在关键领域不被“卡脖子”，掌握主动权，才能建立不受制于人的产业链供应链，进而推动形成以国内大循环为主体、国内国际双循环相互促进的新发展格局。注重原始创新就是要在科技前沿领域、核心技术和关键领域抢占主动权和制高点，真正发挥创新引领发展的第一推动作用。以科技原始创新为突破口，抢占世界科技发展制高点是我国在新发展阶段适应复杂国际竞争环境，加快社会主义现代化建设进程的必然选择。

1.2 国内外研究现状述评

作为创新的独特类型，自“原始创新”概念提出以来，学术界对原始创新的研究持续了较长时间，也有了一定的学术积累。但总体来说，有关科技原始创新的研究尚处于初步发展阶段，原始创新的规律性还有待进一步探究。本章按照具体内容对国内外学者关于原始创新问题的研究状况作一简要描述。

1.2.1 国内研究现状

国内学者对原始创新的研究主要集中在以下几个方面。

1. *原始创新的内涵与特点*

（1）原始创新的内涵。国内学者对原始创新的定义尚未形成统一的标准。目前比较有影响的关于原始创新的定义主要有：中国科学院院士、科技部原部长徐冠华认为，原始创新意味着在研究开发方面，特别是基础研究和高技术研究领域，取得前人所没有的发现或发明；原始创新是最根本的创新，是最能体现智慧的创新，是一个民族对人类文明进步做出贡献的重要体现[2]。吴海江认为，原始创新是向科学共同体贡献出以前从未出现过，甚至连名称都没有的东西；原创性研究成果虽然一般在当时很难看出其应用价值，但它为今后科学技术的发展提供储备[3]。陈雅兰等认为，原始创新是指通过科学实验和理论研究探索事物的现象、结构、运动及其相互作用规律，或者运用科学理论解决经济社会发展中关键的科学技术问题的过程[4]。

（2）原始创新的特点。叶鑫生指出，源头创新具有两个基本性质：一是原始性（originality），二是唯一性（uniqueness）[5]。

陈劲等认为，原始创新是长期积累的产物，具有很强的探索性和不确定性。原始创新成果具有超前性及被承认的滞后性，原始创新具有强“连锁反应”等[6]。

韩宇等认为，原始创新具有如下特征[7]：①其是一种不连续事件和小概率事件；②在基本观念、研究思路、研究方法和研究方向上有根本的转变，其结果或者实现“范式”的变革导致科学革命，或者开辟新的研究方向和研究领域，创建新的学科；③往往在一段时间内导致与之相关的创新簇群或知识生产的“连锁反应”；④其效果通常不是短时间内能够准确估量的。

肖伟光提出，原始创新有三个基本特征：从性质看，属于“从 0 到 1”的首创，是“无中生有”的质变；从过程看，属于不连续事件和小概率事件，具有很强的探索性和不确定性；从结果看，具有突破性、超前性和被承认的滞后性[8]。

2. 影响原始创新的主要因素以及动力与机制问题

（1）影响原始创新的主要因素。吴海江对原始创新与科学积累的关系进行了详细的研究，提出科学积累是原始创新的必要因素[9]。陈雅兰等提出了原始创新的七大要素，即原始积累、核心人物、创新氛围、激励机制、团队协作、原创技巧和科研兴趣[10]。陈劲等则指出影响高校科技原始创新的主要因素有人才、组织文化、绩效评估体系、产权意识、交流五个方面[11]。在原始创新的机制探索方面，陈雅兰等对原始创新的内涵、机制等进行了较为深入的研究，提出原始创新的演化机制模型[12]。后来其运用协同学理论对原始创新的机制加以解释[13]。沈超、王学力认为，影响原始创新的因素有七个方面：原始积累、团队协作、核心人物、方法技巧、创新兴趣、创新氛围、激励机制[14]。任元彪提出，原始创新虽然在创新活动中的逻辑地位很高，但它在企业创新活动中的实际地位却较低，这便造成了原始创新动力缺乏问题。解决原始创新动力缺乏问题的出路在于科技金融创新，以吸引社会资本进入原始创新活动，在创新的早期阶段就能实现生产要素的成功聚集，进而实现生产要素的新组合[15]。

（2）原始创新的动力与机制。于绥芬提出从内、外两方面分析原始创新的动力，既要研究科研人员的兴趣、好奇心、学术竞争等内在动力，又要研究需求牵引、国家政策推动和激励等外在动力，这些内外动力一起形成的合力，将共同推动原始创新的持续发展[16]。杨燕、蔡新蕾提出原始创新的触发机制模型，影响原始创新有内外部两条路径：一是为创新产品的推出和商业化成功提供前提，即内部触发原始创新；二是为创新提供信号机制，为创新资金投入提供支持，并有助于用户接受创新产品进而实现创新产品的商业化，即从外部触发原始创新[17]。

3. 国内科学家对原始创新所持的观点

石元春院士认为，科技创新包括科学创新、技术创新、工程创新。其中，科学创新也称科学发现，一般指原始创新，是人类认识、探寻自然界和人类本身的科学规律，也是孕育新技术的基础和源泉[18]。徐光宪院士认为，科技创新可以从原始创新性、难度、系统性等几个因素进行等级评估，诺贝尔奖并非评价科学原创的唯一标准[19]。白春礼院士认为，原始创新是基础研究的灵魂，要允许、宽容科学原创道路上的失败[20]。路甬祥院士提出，原始性的重大发现大多来源于对实验事实敏锐的观察和独具创意的实验，良好的科学基础和前沿性、交叉性的研究可能引发重大的科学发现，对已有知识的科学整理与发掘也可能有新的重大发现与理论创新等[21]。

4. 原始创新孕育、路径与方法方面的研究

关于原始创新孕育、路径与方法方面的研究相对较少，散见于创造学研究的相关著作中，如解恩泽的《潜科学导论》《潜科学学》、朱新民的《中国兴趣的潜科学》、何克抗的《创造性思维理论》等。陈雅兰等的《原始创新的路径、方法与实证研究》提出了包括创新积累、创新人格、创新思维、创新技法、创新环境、探索研究、创新"顿悟"等要素在内的原始创新路径的结构维度雏形。

5. 原创人才培育方面的研究

徐冠华认为，发现和培养创新型人才是基础研究的核心任务：要把发现、培养和稳定人才，特别是青年尖子人才作为第一战略任务；注重从小单位、小人物中发现人才；要为人才成长创造一个更为宽松的环境[22]。刘凤琴等提出，著名研究团队高度重视学术带头人的选择，学术带头人的领导才能和战略眼光是取得原始创新的重要基础[23]。杨春燕认为，进行原始创新研究的学者具有以下特征：必须对真理有执着的追求；必须突破理论

禁区和人类习惯领域的束缚，求真务实、锲而不舍地探索和实践[24]。

6. 我国原始创新存在的问题与对策研究

（1）我国原始创新存在的问题。陈雅兰等认为，我国原始创新不多的原因主要有意识淡薄、投入不足、管理不顺、人才缺乏、氛围不强等[25]。方学勤[26]、柯进生[27]等认为，科技原始创新滞后的原因主要有原始创新意识薄弱、基础建设投入不足、科研管理评价体系不健全、科研分配制度改革滞后、科研机构行政化倾向等。束义明等从对原始创新的认识存在明显的滞后、经济发展模式的影响、研发投入不足、科研评价体制等方面分析了我国原始性创新不足的原因[28]。吴海江从科学积累维度出发，认为我国原始创新成果匮乏的根本原因是科学积累上的弱势[29]。刘凤琴等认为，我国原始创新与重大发明专利稀缺，除科技投入、教育和科技水平等因素外，更主要的原因是促进技术创新的有效体制、动力机制等尚未完全建立[30]。李培根等[31]、汪立超[32]分析了我国高校原始创新能力不足的原因并指出：一是高校科研力量协同整合不够；二是高层次拔尖人才短缺，没有形成有效的科研团队合力；三是原始创新动力机制不完善，缺乏高校科技共享资源；四是研究经费严重不足、管理体制缺乏活力等。

（2）加强我国原始创新的对策。于绥芬认为，原始创新需要创新思维、科学积累、研究者个人的学术积累与科学的宽容精神[33]。陈雅兰等认为，促进原始创新的途径有：提高决策层的原创意识，注重科技原始积累，根植地区产业特征，聚集顶尖创新人才，营造创新支撑服务平台，优化创新制度体系等[34]。胡晓军认为，构建国家创新体系是全面提高我国原始创新能力的决定因素[35]。束义明等[36]、张蝉爱等[37]、崔志明等[38]等从提高科研经费利用效率、调动原始创新人才的积极性、加强跨学科研究、培育原始创新文化、建立原始创新机制等方面提出相应对策与建议。

1.2.2 国外研究现状

“原始创新”一词在国外学术研究中较少出现，与技术创新、知识创新、国家创新系统等历史悠久、研究规模庞大的创新理论相比，原始创新在国际上并没有形成被普遍认可的理论。尽管如此，从科学哲学、科学社会学等领域的一些经典文献中探根求源时，我们仍可找到与它相关的“原型”。1945 年，时任美国总统科学顾问万尼瓦尔·布什（Vannevar Bush，1890—1974）在《科学：没有止境的前沿》一书中指出：“新产品和新工艺是以新概念和新原理为基础的，而这些新概念是科学研究的产物，其中技术发明起了重要作用。”[39]这里的“新概念和新原理”可以被看成原始创新的一个初始含义。布什及后来的斯托克斯（Donald E. Stokes）对基础研究重要性的分析可以看作对研究原始创新的尝试。1952 年，美国社会学家伯纳德·巴伯（Bernard Barber）在其著作《科学与社会秩序》中多次提到“科学创新”。他所说的科学创新是指科学发现或者发明，也可以被看作原始创新的雏形[40]。1962 年，美国科学哲学家托马斯·库恩（Thomas Kuhn）在《科学革命的结构》一书中提出科学革命的“范式”理论[41]。他认为基础研究尤其是纯基础研究具有“前科学—常规科学—危机—革命—新常规科学”的发展模式。在其理论中，原始创新一般出现于库恩“范式”理论中从危机到革命，再到新常规科学的阶段。原始创新不是对传统旧范式的修改或者扩展，而是在科学逐渐积累的基础上，经由危机阶段形成一个全新研究领域的过程。具体表现为，基础研究领域中研究范式的重建和应用，甚至包括最基本的理论概念发展。1977 年，美国社会学家哈里特·朱克曼（Harriet Zuckerman）在《科学界的精英：美国的诺贝尔奖奖金获得者》一书中第一次把诺贝尔奖获得者作为一个集体，把诺贝尔奖作为一种标志、目的和制度进行社会学分析，成为研究科学家群体的经典著作，为原始创新主体的研究提供了方法论的指导[42]。

20 世纪 90 年代以来，国外对于原始创新的研究主要有：郎德沃尔（B. A. Lundvall）的《国家创新体系：走向一种和交互学习的理论》和尼尔森（R. Nelson）的《国家创新体系：一个比较研究》对原始创新的内涵进行了探讨。以色列希伯来大学的 Jacob Goldenberg，David Mazursky，Sorin Solomon 对原始创新有过针对性的论述。他们认为，原始创新是指这样一种问题解决方案，即这种方案更多的是由内部因素驱动的，更动态、更难以预测，它比普通方案能够更简单、更有效地降低系统的复杂度[43]。美国伦斯勒理工学院的 Lois S. Peters 则认为，原始创新是一种根本性创新，是指采用新技术，这意味着有一些新东西，包括新产品、新工艺或者是两者的结合[44]。

2004 年 12 月，美国竞争力委员会发表的题为《创新美国》的报告在一定程度上反映了国外有关创新研究的现状与成果。该报告指出："创新是美国的灵魂，是确保其在 21 世纪领导地位的非常重要的手段。"还提出了 80 余项强化创新的政策建议，主要集中在人才、投资以及创新组织与机制三个方面。并且还指出美国创新呈现五个新趋势：①创新扩散速度不断加快；②学科交叉日益明显；③更加强调合作；④更加重视创造；⑤活动范围日趋全球化[45]。该报告是美国创新研究的重要成果，对我国的原始创新建设具有重要的参考价值。

1.2.3 研究现状述评

目前对原始创新的研究尚处于初步探索阶段，在现有研究中主要存在以下几个问题。一是研究侧重于对原始创新的概念、内涵、特征、影响因素、机制等方面的探索，对原始创新的深层次理论研究较为薄弱。关于原始创新的论文虽有一定数量，但在概念使用上比较混乱，研究范围也比较宽泛，对原始创新发生过程与机制的深入研究较少。一般而言，任何一种创新行为的发生过程都蕴含着某种机制，只有探索现象背后隐藏的发生机制，才能有效地促进原始创新的孕育与成长。二是研究侧重于制度层面，而忽视了创新主体。原始创新更多的是科学家的个体行为，因此对于科学家个体及其思维方式的研究不容忽视。三是理论研究较多，缺乏实证研究与案例研究。理论研究需要实证研究去支持与案例研究的佐证，因此只有结合典型案例和时代背景才能使研究更具现实意义。四是关于原始创新问题的专著较少。目前关于原始创新研究的专著主要有陈雅兰等的《原始创新理论与实证研究》[46]和《原始创新的路径、方法与实证研究》[47]，苏屹、李柏洲的《我国大型工业企业原始创新模式研究》[48]，李钢等的《颠覆性技术创新：理论与中国实践》[49]。因此，有必要立足目前的研究基础，广泛运用其他学科的理论、方法进一步加强原始创新的理论与实践研究。

1.3 研究框架

原始创新是一个系统、复杂、极具挑战性的问题。本书旨在从多方面、多维度去探究原始创新的基本原理和应用策略。如果将原始创新活动作为一个系统，那么对原始创新的研究包括原始创新的动力、环境、内在过程与机制、原创主体与思维等各个方面的探讨。原始创新的动力包含内部动力与外部动力两个方面，二者共同支撑原始创新的发展。原始创新的环境包含物质环境、制度环境、组织环境与文化环境四个层面，每一层面都发挥着独特的社会功能。原始创新的本质是知识创新，运用西方知识管理理论对原始创新的过程与机制的研究很有意义。原始创新活动可以看成明晰知识与意会知识在个人与组织间的流动与扩散，其主体具有不同于一般性创新的特点与要求。在原始创新活动中要综合运用概念思维与意象思维，其中灵感与直觉思维、类比方法都是不可或缺的思维方法。

1.3.1 研究内容

本书的研究内容主要包括以下六个方面。

1. 原始创新的概念界定

在梳理现有原始创新概念的基础上，探讨原始创新的内涵、特点，比较原始创新、技术创新、知识创新等概念的内涵，对原始创新概念做出界定并揭示原始创新的重要意义。

2. 原始创新的动力研究

本书运用系统理论与方法，将原始创新活动看作一个包含创新主体、创新环境、创新动力、创新机制、创新思维等在内的有机整体。在现有理论研究的基础上提出原始创新的内部动力与外部动力。

3. 原始创新的外部环境

原始创新离不开一定的外部环境。创新活动与环境之间是相互影响、相互联系的关系。本书分别从物质、组织、制度、文化四个方面阐述原始创新的外部环境，指出四种环境对创新的促进与制约作用。

4. 原始创新的内在过程与机制

运用西方管理学的知识管理理论描述原始创新的过程。从知识管理的角度看，原始创新可以分为原创孕育、原创激发、原创验证和原创扩散四个阶段，每个阶段都有其特别的影响因子。通过分析四个阶段的特点与要素，构建了基于知识螺旋的原始创新演化机制模型，描述了原始创新的发展机制。

5. 原始创新的主体与思维

创新是创新主体运用创造性思维的结果，原始创新主体主要指科学家个体或科学家群体。分析原始创新主体的特征，原创主体思维的特点及其结构，并以我国院士的原创思维实证研究对原创主体的思维方式与思维结构等进行了较为深入的研究。

6. 我国科技原始创新存在的问题与对策研究

理论研究是为实践发展奠定基础的。本书在研究原始创新的理论基础上，以我国科技原始创新存在的问题为切入点，总结问题表现，分析问题原因，最后依据前面的理论研究提出加强我国科技原始创新能力的相应对策。

1.3.2 研究路径与分析框架

1. 研究路径

以科学技术哲学、创造学、管理学、系统科学等相关理论为基础，运用哲学分析、历史考察、系统方法、案例研究、计量分析等方法，以互联网信息为主要资料来源，同时参考已有的相关研究成果，对原始创新的动力、外部环境、内在过程与机制、主体与思维等理论问题进行了较为系统的研究，最后探讨我国科技原始创新缺失的原因，并提出相应的对策。

2. 分析框架

本书的分析框架之一是将原始创新活动作为一个系统加以研究，原始创新活动包括原始创新动力、原始创新过程与机制、原始创新环境、原始创新主体。原始创新动力揭示原始创新的内部动力与外部动力；原始创新环境是原始创新得以孕育与发展的外部条件；原始创新过程与机制则是从内部机制上揭示原始创新的规律；原始创新主体是原始创新活动的执行者，是原始创新活动中最能动的因素。原始创新的四个方面融合在一起构成了完整的活动系统，如图 1－1 所示。

本书的分析框架之二是知识管理理论中的知识螺旋理论[50－52]。知识螺旋理论是由日本学者野中郁次郎（Nonaka Ikujiro）与竹内弘高（Takeuchi Hirotaka）首次提出的。这一理论说明了意会知识与明晰知识不断地互动，经由共同化、表出化、联结化、内在化四种知识转换模式，并透过个人、群体、组织等不同的层次逐渐扩散，形成了“知识螺旋”（knowledge spiral），以促成知识的扩散、嵌入与累积。知识螺旋模型如图 1－2 所示。

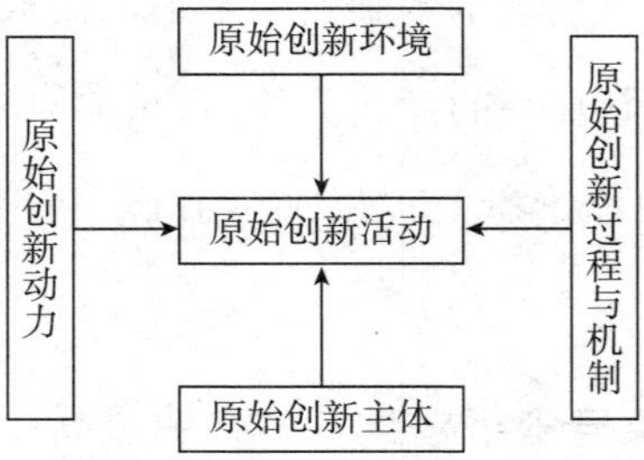

图 1－1　分析框架之一：原始创新系统

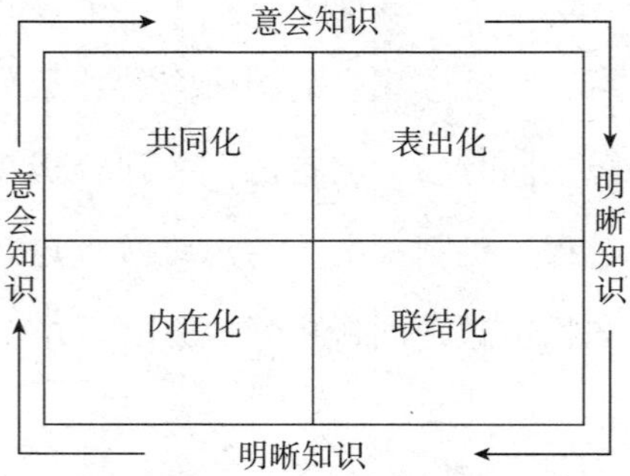

图 1－2　分析框架之二：知识螺旋模型

本书运用以上两种分析框架探讨了原始创新系统的各个要素及其内在过程与机制。这两种理论框架隐含了两个假设：将原始创新看作一个活动系统；将原始创新看作一个知识系统。运用不同的理论视角探讨原始创新，有可能为原始创新问题的研究提供一种具有互补性质的多维理论分析框架。具体来讲，它体现了笔者这样的努力：一方面，我们提出原始创新是一种活动系统的假设，是为了从创新行动出发，通过对创新主体和创新动力的分析来理解原始创新的功能与意义；另一方面，我们提出原始创新是一种知识系统的假设，是为了从原始创新的知识结构出发分析原始创新的过程与机制。这样两个方面的配合，可以使我们在原始创新活动的动态维度和原始创新知识结构的静态维度相结合的基础上，全面观照原始创新丰富的学术内涵，从方法论上为深化原始创新研究提供一种尝试。

本章参考文献

[1]中央党史和文献研究院,中国外文局. 习近平谈治国理政:第三卷[M]. 北京:外文出版社,2020.

[2]徐冠华. 重视基础研究 推动原始性创新[J]. 中国科技奖励,2001(2):4.

[3][9][29]吴海江. 科学原创与科学积累[J]. 自然辩证法研究,2002(5):47-48.

[4][10][12]陈雅兰,韩龙士,王金祥,等. 原始创新的影响因素与演化机制探究[J]. 科学学研究,2003,21(4):433-436.

[5]叶鑫生. 源头创新小议 [J]. 中国基础科学,2001(2):113.

[6]陈劲,宋建元,葛朝阳,等. 试论基础研究及其原始创新[J]. 科学学研究,2004(3):317-321.

[7]韩宇,赵学文,李正风. 基础研究创新概念辨析及对相关问题的思考[J]. 中国基础科学,2001(3):35-40.

[8]肖伟光. 更加注重原始创新[N]. 人民日报,2020-10-27.

[11][44]陈劲,余芳珍,陈钰芬. 高校原始性技术创新影响因素研究[J]. 科学学与科学技术管理,2006(1):68.

[13]陈雅兰,李必强,胡继灵. 原始创新的协同学理论观[J]. 科学学与科学技术管理,2005(1):59-62.

[14]沈超,王学力. 原始创新的影响因素及其机制与模式分析[J]. 科技管理研究,2008(8):11-12.

[15]任元彪. 原始创新动力问题探讨[J]. 科学学研究,2007(7):6.

[16]于绥芬. 原始创新的持续动力问题研究[J]. 管理学刊,2015(5):51.

[17]杨燕,蔡新蕾. 原始创新的触发机制研究:基于动机性信息处理理论和利益相关者视角[J]. 科研管理,2016,37(9):1.

[18]陈雅兰,李必强,韩龙士. 原始创新的界定与识别[J]. 发展研究,2004(7):78.

[19]徐光宪. 如何评价 20 世纪世界一流科学家的学术成就[J]. 科学对社会的影响,2002(2):42 – 44.

[20]白春礼. 原始创新:基础研究之魂[J]. 中国基础科学,1999(1):4.

[21] 路甬祥. 规律与启示:从诺贝尔自然科学奖与 20 世纪重大科学成就看科技原始创新的规律[J]. 西安交通大学学报(社会科学版),2003(4):3.

[22]徐冠华. 推动原始创新 培养创新型人才[J]. 中国基础科学,2001(2):7 – 8.

[23][30]刘凤琴,贾士儒,许增补. 加强科技创新　提升我国科技实力[J]. 研究与发展管理,2002(6):68.

[24]杨春燕. 可拓学与原始性创新研究[J]. 中国科技论坛,2001(4):9.

[25][46]陈雅兰,等. 原始创新理论与实证研究[M]. 北京:人民出版社,2007.

[26]方学勤. 大力支持和开拓源头创新:从物理研究探讨源头创新[J]. 科技导报,2001(5):17 – 18.

[27]柯进生. 提升我国科研原始创新能力的战略思考[J]. 研究与发展管理,2006(2):119 – 121.

[28]束义明,李莉,李科峰. 重在原始创新:论我国科技发展[J]. 理工高教研究,2002(3):35 – 36.

[31]李培根,张大也,周坚. 高校科技创新浅析[J]. 国家教育行政学院学报,2005(5):28 – 29.

[32]汪立超. 浅析如何提升我国高校原始创新能力[J]. 滁州职业技术

学院学报,2009(3):15－16.

[33]于绥芬.关于基础研究原始创新的思考[J].科技进步与对策,2003(7):65－66.

[34]陈雅兰,郭伟峰.促进原始创新的途径[J].发展研究,2005(11):41－42.

[35]胡晓军.关于提升我国原始创新能力的对策研究[J].中国科技产业,2004(2):35－36.

[36]束义明,苏宝利.我国基础研究原始创新能力的现状及提高对策[J].科学管理研究,2002(5):13－15.

[37]张蝉爱,王向荣,冯有斌.加强原始创新 促进基础研究的发展[J].山西高等学校社会科学学报,2002(10):37.

[38]崔志明,浦根祥.从个案研究看我国科技原创力建设[J].科技导报,2003(10):14.

[39]布什.科学:没有止境的前沿[M].范岱年,解道华,译.北京:商务印书馆,2004.

[40]巴伯.科学与社会秩序[M].顾昕,译.北京:生活·读书·新知三联书店,1992.

[41]库恩.科学革命的结构[M].金吾伦,胡新和,译.北京:北京大学出版社,2003.

[42]朱克曼.科学界的精英:美国的诺贝尔奖奖金获得者[M].周叶谦,冯世则,译.北京:商务印书馆,1979.

[43] GOLDENBERG J, MAZURSKY D, SOLOMON S. Templates of original innovation: projecting original incremental innovations from intrinsic information [J]. Technological Forcasting and Social Change, 1996(61):1－12.

[45]Council on Competitiveness. Innovate America: Thriving in a World of Challenge and Change [R]. National Innovation Initiative Interim Report, 2004

(12).

[47]陈雅兰,等.原始创新的路径、方法与实证研究[M].北京:清华大学出版社,2015.

[48]苏屹,李柏洲.我国大型工业企业原始创新模式研究[M].哈尔滨:哈尔滨工业大学出版社,2011.

[49]李钢,等.颠覆性技术创新:理论与中国实践[M].北京:社会科学文献出版社,2018.

[50]野中郁次郎,竹内弘高.创造知识的企业:日美企业持续创新的动力[M].李萌,高飞,译.北京:知识产权出版社,2006.

[51]野中郁次郎,竹内弘高.知识创造的螺旋:知识管理理论与案例研究[M].李萌,高飞,译.北京:知识产权出版社,2006.

[52]野中郁次郎,竹内弘高.创新的本质:日本名企最新知识管理案例[M].林忠鹏,谢群,译.北京:知识产权出版社,2006.

第 2 章　原始创新问题概述

“原创”一词最早出现在流行音乐中，如“原创歌曲”“原创流行歌曲排行榜”等说法（医学上的“原创”虽出现较早，但指的是创伤，与创新没有关系，故不属本研究范围）。起初原创只是指区别于港、台的流行歌曲或者包含有“原声”“原班人马”演唱的意思，其中创新的含义相对较淡。后来“原创”一词逐渐被传播开来，出现了诸如“原创音乐”“原创小说”“原创剧目”之类的名词，这时候的“原创”同“创新”有了一定的联系。2001 年 2 月 28 日，《解放日报》用了一个非常醒目的标题——《因为“原创”才辉煌》报道了 2000 年度国家最高科学技术奖得主吴文俊，给人留下十分深刻的印象。同年 6 月 22 日，江泽民在中国科协第六次代表大会上的讲话中提出“要鼓励原始创新”，之后“原创”“原始创新”这类词语频频见于各类媒体。此时，“原创”才真正凸显“创新”的内涵。

2.1　原始创新的内涵解析

2.1.1　原始创新的词源学解释

“原始创新”是一个由“原始”与“创新”两个词构成的组合词，其中“原始”是修饰词，对“创新”进行限定，而“创新”是核心词。

在《现代汉语辞海》中，“原始”有两种含义：①最初的，第一手的；②远古的，未开化的[1]。我们所谈的“原始创新”就是在第一种含义上的创新，它反映了作为“最初的”或“第一手的”事件与后续事件之间的因果关系，强调了创新的源头。在这个意义上讲，“原始（的）”与“原始性”及“源头（的）”的含义相同。在汉语中，“创新”一词出现较晚。20世纪80年代以前出版的各种汉语词典中都没有“创新”一词。“创新”是一个外来词语，是由英语的innovation译成。《现代高级英语词典》对该词的动词形式innovate的解释是变革、革新（make changes）和引入新东西或新概念（introduce new things）[2]。《现代汉语辞海》中对“创新”的解释有三层意思：①提出解决问题的新途径；②完成一项新设计或新方法；③创造一种新的艺术形式[3]。因此，从词典的解释来看，“原始”与“创新”有异同。相同之处在于，从时序上看两者都有“第一次”的含义。相异之处在于，“原始”强调事物的源头，即万事万物的开端，而“创新”则强调“新颖”与“变化”；前者强调事件发生的起源，后者强调时间顺序的优先。因此，如果仅从时间序列上把握“原始”和“源头”的含义就会出现词义上的重复，即出现逻辑上同义反复的矛盾。事实上，“原始创新”一词主要是针对我国科技创新能力比较薄弱这一现实问题而言的，其着眼点是大力弘扬原始的、源头的、自主性的创新能力。因此，“原始创新”一词或多或少被赋予了政治色彩与经济色彩。正是“原始”与“创新”的含义在文本上存在异同，所以学术界出现了各种相关提法，如“原始创新”“源头创新”等。这些概念的内涵基本相同，为避免重复，本书统一采用“原始创新”这一提法。

2.1.2 学术界对原始创新含义的探讨

目前，学术界对“原始创新”的含义尚无一致公认的界定，“原始创新”“源头创新”“根本性创新”“基础创新”等多种提法并存。虽然提法各异，但细加探究可知，这些概念的内涵有共通之处。以下列举一些学术界比较典型的观点。

中国科学院院士徐冠华认为，原始创新是在研究开发方面，特别是在基础研究和高技术研究领域做出前人所没有的发现或发明，从而推出的创新成果，它不是延续一个创新周期，而是开辟新的创新周期和掀起新的创新高潮。原始创新孕育科学技术质的变化和发展，促进人类认识和生产力的飞跃，体现一个民族的智慧及其对人类文明进步的贡献。[4]

学者吴海江认为，原始创新是向科学共同体贡献出以前从未出现过，甚至连名称都没有的东西。原始性研究成果一般在当时很难看出其应用价值，但它为今后的科学和技术的发展提供储备[5]。

学者陈雅兰等认为，原始创新是指通过科学实验和理论研究探索事物的现象、结构、运动及其相互作用规律，或者运用科学理论解决经济社会发展中关键的科学技术问题的过程。其成果表征为重大科学发现、重大理论创新、重大技术创新、实验方法和仪器的重大发明等[6]。

“973 计划”基础研究共性重大问题战略研究组也从科学和技术两个领域给原始创新定义：科学上的原始创新是指开拓新领域、引领新方向和孕育新学科的创新活动，其成果包括新现象的发现和新概念、新理论体系的形成；技术上的原始创新是指技术上的重大突破，其成果包括新方法、新工艺、新产品等的重大发明。他们认为，科学上的原始创新往往会对技术的发展乃至人类社会产生划时代的影响：技术上的原始创新往往会导致产业发生重大变化，同时也会对科学上的原始创新起到促进和推动作用[7]。

叶鑫生指出，源头创新具有两个基本性质：一是原始性，二是唯一性。[8]他认为，所谓原始性是指科学研究的思想、研究方法，是研究者首次提出的。这一研究结果将开拓一个新的领域，为科学带来新的发展。源头创新的实质在于它提供了一个能够在深度和广度、时间和空间、宏观和微观等方面不断扩展和延伸的基础。这些科学上的创新进展，都给人类的生产和生活带来了巨大的变化。这些理论和研究虽然都是建立在先前科学成就基础上的，但又是新的起点，成为新的“源头”。所谓唯一性是指研究者提出的思想和方法，在此之前从未有人提出或实践过，也就是说，“只此一家，别无分号”。[9]

杨宁认为，原始创新指在机制、规律、现象和新技术方面的首次发现与发明，这些首次发现与发明在推动人类进步方面蕴含着巨大潜力，禁得起历史的考验。[10]

张婵爱认为，基础研究中的原始创新在所有创新活动中是最高层次的，它是通过采用最新的研究方法在世界范围内率先获得新的知识、发现新的现象和规律、发明新的技术和原理，为推动技术创新提供新的基础知识[11]。

邹承鲁等认为，创造出能提高人类生存质量，促进社会发展进步，前人所没有的知识、技术或技能的活动称为原始创新[12]。

韩宇和李正风提出，从统计学特征出发，原始创新应该是不连续的小概率事件，其通过与相关知识族群发生连锁反应，产生新的学科、研究领域与方向，能够促进社会的发展[13]。

从以上不同专家、学者的定义中可以看出，无论是原始创新还是源头创新，其内涵都有以下两个相同点：一是集中指向科研的基础研究领域创新；二是强调这种创新的扩散效应。因此，对“原始创新”的理解应从“原始”和“创新”的内涵出发，兼顾创新扩散效应与特定领域。

2.1.3 原始创新概念解析

要澄清原始创新的含义，必须在概念机制中明确相关概念的含义及其相互关系。任何概念都处于两种关系之中：一是同客观世界的关系，二是同其他概念的关系。因此，在理解“原始创新”这一概念时，既要明确其指称的客观对象，也要区分原始创新与相关概念含义的异同。

1. 原始创新与发现、发明、创新、创造

与原始创新相关的概念有发现（discovery）、发明（invention）、创新

（innovation）、创造（creation）等。从词源上看，“发明”是指“创造新的事物或方法”[14]。“创造”一词有根源性的含义。英语的 creat 是从拉丁语的 creare 派生出来的，它含有创造、创建、生成、造成等意义。因此，“创造”是指在没有先例的情况下制造出新东西的一种活动。创造侧重于从“无”到有的过程。而创新的一般含义则体现在对现有事物的更新改造过程中，在原有事物基础上通过重新排列组合所产生的一种与原事物有辩证联系的新事物，它对创造的成果进行修正、补充、完善以及新陈代谢的过程，使其得以延续并日趋完善。创新侧重于强调新事物产生的活动过程和机制。

发明和创造都指向自然界中并非以“天然状态”存在的东西，而是通过劳动产生出来的，并突出活动首创性及结果的主体生成性，两者没有明显区别。但在范围上，创造的用法比发明宽泛得多，并有继续扩大化的趋势。“创造”是创造学的核心概念。《辞海》对“创造”的解释是：做出前所未有的事情。[15]《现代汉语辞海》的解释是：想出新方法、建立新理论、做出新的成绩或东西[16]。但这两种解释均从学术角度分析则过于宽泛，不够严谨。中国创造学专家刘仲林教授在分析、综合了各种创造概念的优劣之后，从创造成果、创造过程、创造境界三个层面提出了一个三维立体的概念表达：创造是赋予新而和的存在；创造是对已知要素进行组合和选择的过程；创造是只可在实践中体会的一种不可言传的道[17]。按照这种理解，发明就是创造的一种体现。

发现是指首次观察到一种现象或获得某种知识，是“经研究、探索等看到或找到前人没有看到的事物或规律”[18]，强调对已存在事物的展现，用哲学家海德格尔（Martin Heidegger，1889—1976）的话来说，发现就是一种“解蔽”的行为或过程。发现是通过科学探索对世界已存在事物或规律的“首次知道”，其结果不是由主体完全生成的。可见，发现意味着找到独立于我们而存在的事物，包括找到一种实体、一种关系、一种理论。

发现强调的是已有的事物，并不创造新的，无论是新的客体还是新的理论，都是先天存在的事物及其规律。传统的科学发现是指遵循固有的逻辑规则，揭示隐含于经验基础或客观事物中的规律。

在科学活动中，人们一般把科学上新事实、新理论等的提出称为“发现”，把技术上新器具、新流程等的提出称为“发明”。发明属于创新，这一点比较容易理解，但科学发现的创新本质却不易被人们所认识。在传统的科学发现理论中，发现和发明具有相当大的区别，也可以说，人们始终没有把科学发现视为创新。康德（Immanuel Kant，1724—1804）就对发现与发明做了明确的区别：“发现某物，这完全不是发明，须知发现某物时，该物在发现前就已经事先存在了，只不过尚未为人所知罢了，如哥伦布之前的美洲。但是发明某物时，如火药，在制造它的师傅以前该物却是子虚乌有的。”[19] 人们把创新视为主体创造出前所未有的新事物，正是出于此种理解，发明与创新的意义相同，发明似乎是发明者完全自由的创造，而发现具有工具论价值。发现主体所做的概念建构说明，在现实客体的发现过程中所起的作用及决定性影响也被人们所忽略。

通过对这几个概念的对比分析，我们可以看出：创造、创新、发现、发明都强调活动性质的首创性或结果的新颖性。在这种意义上，它们的内涵都体现出创新的特征。这几个概念中，创造的外延最大，其次是创新的概念，创新包括科学活动中的发现、发明。发现事实、发明方法、创造理论都符合“创新”的一般含义，它们涵盖了科学领域的基本成果形式。因此，在这种共同本质的基础上，我们可以用“创新”这一概念概括发现、发明、创造，使科学活动中发明、发现在所有意义上的成果均属于科学创新。原始创新与它们之间的关系可以用文氏图表示，如图2-1所示。

2. *原始创新与技术创新*

原始创新多指科学家和工程师的研究发明活动，这种创新是一种个人行为。技术创新的理论观点最初是由经济学家约瑟夫·熊彼特

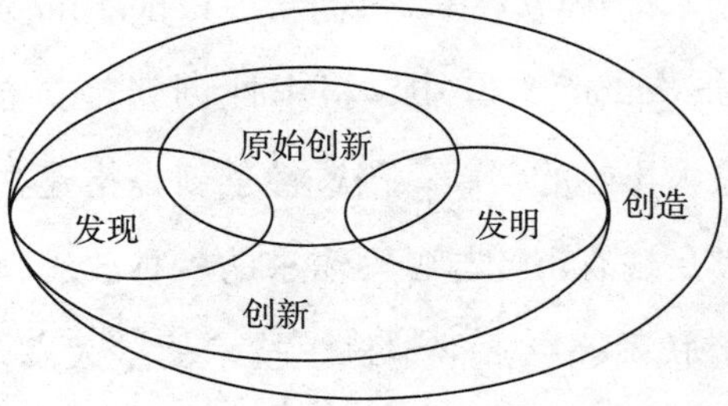

图2-1 原始创新与发现、发明、创新、创造之间的关系

(J. A. Schumpeter，1883—1950) 于1921年在其著作《经济发展理论》中提出的。他认为，技术创新是新技术、新发明在生产中的首次应用，是指建立一种新的生产函数或供应函数，是在生产体系中引进一种生产要素和生产条件的新组合。自熊彼特首次提出创新理论之后，几十年来许多世界著名经济学家对技术创新理论都进行了深入的研究，技术创新被认为是市场经济国家经济发展理论的重要内容。例如，美国学者曼斯菲尔德(E. Mansfield) 认为，当一项发明被首次应用时，可以称为“技术创新”。英国学者莫尔 (R. C. Moe) 在《创新的企业化管理》一书中指出，技术创新是技术制品的创始、演进和开发的过程。英国经济学家斯通曼 (P. Stoneman) 认为，技术创新是首次将科学发明输入生产系统，并通过研究开发努力形成商业交易的过程。澳大利亚学者唐纳德·瓦茨 (Donald Watts) 认为，技术创新是企业对发明或研究成果进行开发，并通过销售创造利润的过程。总之，已经有很多关于技术创新的研究和理论，它们从不同侧面说明了对技术的管理经营过程。目前，技术创新在国际上受到普遍的重视，可以说是一个方兴未艾的重要研究领域。

从上述有关技术创新的理论研究可以看出，“技术创新”这一概念与本书所谈的“原始创新”的内涵有很多不同之处。第一，技术创新侧重于经济领域，其内容主要有产品创新、工艺创新、服务创新等。原始创新侧重于科技领域，其内容主要是指重大科学发现与技术的发明创造。第二，从创新的性质看，技术创新包含根本性创新（radical innovation）与渐进性创新（incremental innovation）。其中，根本性创新是指企业首次引入的、能对经济发展产生重大影响的创新；渐进性创新是指建立在现有技术、生产能力基础之上和满足现有市场与顾客需求的一种改进性创新。根本性创新与原始创新有一定联系，它常常与科学技术的重大发现、发明相联系，其过程要经历较长的时间，一旦成功就会引发许多相关创新，并引起产业结构的深刻变化。因此，根本性创新常常借助于科学技术的原始创新。第三，技术创新的动力与着眼点主要是企业，而原始创新的动力来自科学家、技术专家与科研团体。

3. *原始创新与知识创新*

“知识创新”一词最先是由美国学者艾米顿（Debra M. Amidon）于 1997 年 4 月在其《面向知识经济的创新战略：智慧的觉醒》一书中提出的。他认为，所谓知识创新是指为了企业的成功、民族经济的发展和社会的进步，创造、演化、分配和应用新的思想，使其转变成为市场化的商品和服务，[20] 即知识创新是为了满足未来竞争的需要，在创新过程中除了包含构建未来可持续性发展的基础外，还要产生新的思想并将其融入有发展前景的商业产品中。艾米顿认为，与其他创新行为相比，知识创新的特征表现在以下几个方面。

（1）知识创新是创新价值体系而不是价值链。价值链的思想是线性和静态的，而创新价值体系是动态的，展现了成功创新所需要的所有相互依赖关系。

（2）知识创新是战略商业网络而不是战略商业单位。战略商业单位的管理倾向于建立各自的知识储备，而战略商业网络则鼓励创新过程中知识在合作者、客户、供应商、科研机构和竞争者之间的流动。

（3）知识创新是合作利益而不是竞争利益。竞争战略产生输赢结局，常常为在市场利润总额既定的情况下获得各自的超额利润而竞争，一方市场份额的扩大必然以另一方市场份额的减少作为代价。合作战略则鼓励通过共生合作关系建立双赢环境，使知识得到发展，从而把蛋糕做大，使双方都有利可图。

（4）知识创新是消费者的潜在需求而不仅仅是当前需求。满足市场现存需求是企业的生存之本，而着重于消费者的潜在需求则有助于发现未来的市场需求，挖掘发展的新源泉，以赢得未来的成功。

如果按照艾米顿对知识创新所下的定义，知识创新的概念就比原始创新要大而且更加抽象，它包括知识的产生、分配和使用的全过程，体现了知识经济各个层面的内容；而原始创新则侧重于原始创新知识的产生过程。两者之间的关系是知识创新包含了原始创新，后者是前者的核心内容。以中国科学院院士路甬祥为代表的国内部分学者从比较狭义的范围定义了知识创新。路甬祥院士认为："知识创新是指通过科学研究，包括基础研究和应用研究，获得新的自然科学和技术科学知识的过程。知识创新的目的是追求新发现，探索新规律，创立新学说，创造新方法，积累新知识。"[21]这种对知识创新的狭义理解与我们所说的原始创新的含义基本一致。因此，从较宽泛的意义讲，原始创新属于知识创新的范畴。有学者通俗地表述为：只要是给科学宝库增添了前所未有的新东西，增加了真理的颗粒，就都属于知识创新[22]。然而知识创新不仅有大小，而且对后续创新的意义也各不相同，其中意义重大且深远的知识创新被科技工作者和科技管理工作者称为"原始创新"。

4. 原始创新与自主创新

自主创新是在我国经济社会发展的特定时期与背景下（主要指经济结构转型）出现的新概念。要理解自主创新，必须了解自主创新概念产生的时代背景。"自主"是针对"引进"，即针对我国在特定时期过分依赖引进技术而言的。改革开放初期，我国经济的快速发展主要依靠引进外资、引进技术和产品，以及人口红利等条件，在很大程度上陷入了"引进—落后—再引进—再落后”的恶性循环中[23]。这种循环从发展的阶段性和历史性看，虽然具有一定的合理性，但从长远来看无法实现我国经济社会的可持续发展，而且由此带来的产业结构不合理、经济增长方式粗放等问题日益凸显。自主创新正是基于这一背景产生的战略选择，是摆脱关键技术受制于人的困境的战略举措，也是提升国家核心竞争力的重大部署。

2005 年 10 月，在中共中央十六届五中全会上，党中央明确提出自主创新概念。2006 年 10 月 19 日，中共中央公布的《关于制定“十一五”规划的建议》中提出：“要深入实施科教兴国战略和人才强国战略，把增强自主创新能力作为科学技术发展的战略基点和调整产业结构、转变增长方式的中心环节，大力提高原始创新能力、集成创新能力和引进消化吸收再创新能力。”可见，自主创新主要包括原始创新、集成创新、引进消化吸收再创新。其中，原始创新是自主创新体系的基础，是创新主体自主、独立完成科技创新，实现技术突破的途径和方式，是提升科技竞争力的重要源泉。集成创新是一种源于系统创新要素集成基础的自主创新。引进消化吸收再创新是国际上技术相对落后的国家和地区实现技术跨越式发展的普遍做法，是创新主体通过学习、模仿率先创新者的方法进行消化吸收、二次开发和再创新的过程。自主创新内容的三个方面之间是相互关联的。原始创新往往孕育着科学技术质的飞跃，是科技创新能力的重要基础和科技竞争力的源泉。集成创新是当今科学技术发展的一个重要特征，主要是指围绕一些具有较强技术关联性和产业带动性的战略产品及重大项目，将各种相关技术有机融合起来，实现一些关键技术的突破甚至引起重要领域的重大突破。在经济全球化条件下，自主创新不能封闭起来进行，而是应该开展广泛的对外科技合作与交流，完善引进技术的消化吸收和再创新机制，充分利用人类共同的科技成果[24]。

一方面，从创新源层面看，原始创新与自主创新是内在一致的。原始创新是自主创新的重要内容之一，能体现创新主体的创新能力。自主创新是指创新主体依靠自身的资源进行研究开发，实现创新科技成果的商品化，并最终获得市场的创新效益。在现有的原始创新成果里，绝大多数是自主创新。因此，重视并强调科技的自主创新，其实质或根源是强调科技原始创新，强调创新的源头与创新的自主性、独立性。另一方面，原始创新与自主创新之间并非简单的单一包含关系，它们也有区别，并非所有的自主创新都是原始创新。两者的区别主要有两点。第一，原始创新是自主创新的三种类型之一，原始创新是自主创新的基础和源泉。原始创新关注科学与技术方面基础性或关键性的科技创新，从而与一般渐进性的自主创新相区别。与自主创新相比，原始创新更加突出创新的逻辑优先性、创新源的地位优先性、创新发展的引领性；而自主创新除了原始创新外，还包括技术的消化、吸收、改进等，侧重于创新的主体性、独立性与自主性。第二，原始创新的主体是科技工作者（如科学家、技术专家等），其目标是实现重大理论创新与技术变革、重大发明创造等；而自主创新是指以企业为主体的创新行为，其目标是以技术创新实现市场化运作，以期获取经济效益和社会效益。原始创新的源头在高校和科研机构，之后才有企业的介入；而集成创新与引进消化吸收再创新的源头则主要在企业，因此企业的创新活动更多地表现为集成创新和引进消化吸收再创新。

2.2　原始创新的概念与特点、表现形式及其在创新过程中的地位

2.2.1　原始创新的概念与特点

通过前面对原始创新概念的分析，我们可以发现，目前学术界对原始创新的界定存在较多的分歧。界定一个概念首先要分析这一事物的本质特点，在此基础上才能运用抽象思维对其加以理性概括。

从现代科技发展史中可以发现，基础理论与尖端技术的重大突破，如

X 射线的发现，DNA 双螺旋结构的发现，量子力学、相对论的创立等，都在科学界引发了持续创新的浪潮，有力地推动了科技的发展与人类文明的进步。徐冠华总结指出："据有关资料统计，现代技术革命的成果约有 90% 来源于科学理论基础上的原始创新。"[25]

从原始创新本身的性质来看，其具有以下五个特点。

（1）首创性。这意味着原始创新是前人从未创造过的，具有原始创新性、开拓性、源头性的变化，这也是原始创新最本质的含义。

（2）自主性。相对于跟踪性、模仿性的创新，原始创新强调创新主体的主动意愿和自发行动，这是原始创新的一个重要特点。

（3）突破性。相对于一般的创新行为，原始创新应该具有突破性的意义；或者是对某些权威观念的彻底否定，对某些传统理论或技术的根本颠覆；或者是在某一领域引起革命性的变化，从而带来进步和发展的机会。

（4）风险性。原始创新的发生可能需要几代人的努力，需要付出巨大的劳动，而且研究成果一般很难在当时就看出其应用价值。

（5）不确定性。科学发展虽然有其自身的规律性，但发展过程中的原始创新的发生是不确定的、无法预测的，往往是源于偶然的事件。

从原始创新的领域与效应来看，其具有以下两个特点。

（1）原始创新一般发生在基础研究或应用基础研究领域，这一特点将原始创新与技术创新区分开。技术创新侧重于产品开发阶段，强调技术与产品经济效益的实现；而原始创新则主要指重大的理论突破或发现和发明，侧重于理论研究与技术突破。

（2）原始创新能够开辟新的研究领域，引发持续性创新甚至通过范式转换引发科学革命。原始创新为科学技术的发展奠定了不断扩展和延伸的基础，能够引发大规模的知识创新，促进人类认识能力的飞跃。

在基础研究领域取得的原始创新知识必须经过一系列后续的、相关学科的知识创新、应用和开发研究、技术创新等中间环节，才会对社会经济产生巨大的影响。因此，原始创新知识是技术创新的源头，原始创新知识通过技术创新与技术扩散促进人类社会的发展。它们在创新链上具有“原始”和“源头”的性质，是在基础研究或应用基础研究领域中的重大理论突破或发现和发明。因此，这一类创新终将导致人类在认识能力和生产力两个维度上的飞跃。

在前人研究的基础上，通过对原始创新特征的描述，笔者将原始创新界定为：在基础研究或应用基础研究中首次获得的、能够引发持续性创新的重大理论突破或重大发现、发明。这一定义强调了三个方面。第一，原始创新一般发生在基础研究或应用基础研究领域，在产品开发与销售阶段的创新不属于原始创新的范畴。第二，强调了原始创新的首创性。原始创新没有科学范例的引导，是从无到有的过程，跟踪或模仿创新不是原始创新。第三，强调了原始创新具有引发持续创新的特点，它是技术创新的源头。应该指出的是，创新与知识积累或继承相互关联，创新必须以知识积累为前提和基础。我们强调原始创新的源头作用是为了避免哲学上无穷后退，即将创新链条逆着时间轴无止境地向前追溯。同时要指出的是，作为某一具体技术创新源头的原始创新也往往不是单一的，而是多源的。例如，激光器的发明是以受激辐射、受激辐射的微波放大和受激辐射的光放大等重大理论突破为基础；涉及激光通信的包括晶体管放大、激光原理及低损耗光学纤维等多项原始创新。

2.2.2　原始创新的表现形式

原始创新主要有理论创新、科学发现和技术发明。根据原始创新成果的不同，原始创新主要有以下四种表现形式。[26]

1. 理论创新

理论创新为科学发展指明了方向。理论创新包括新理论、新原理、新定律、新定理、新方程、新模型、新概念以及新思路等。理论创新是一切科学研究的基础，往往能从根本上改变人们对世界某些方面的看法。例如，量子力学对微观物质的研究深化了人类对物质世界统一性的认识，激发了科学家探索微观世界的奥秘、研究新物质和能量的巨大兴趣。

2. 实验创新

实验创新包括新发现、新效应、新现象、新方法、新实验手段、新分析方法、新仪器、新合成反应以及新物质（基本粒子、新型分子、新药物、新催化剂、新材料等）等。观察与实验既是检验科学理论的重要标准，也是科学研究最重要的工具。实验创新能够极大地提升人们的科学认识水平，通过实验产生的许多技术、方法具有重大的经济效益和社会效益。

3. 综合创新

现代科学中，学科之间的边缘地带或学科交叉领域，孕育着具有大量创新机会的科学前沿和充满活力的新兴学科。正如维纳（Norbort Wienner，1894—1964）所说："科学发展上可以得到最大收获的领域是各种已经建立起来的部门之间的被忽视的无人区。"[27] 许多新学科都是通过学科交叉与综合形成的。

4. 应用创新

应用创新即将原有的理论、技术应用到新的领域中，扩展理论与技术的应用范围。通过不断扩大同自然界与人类社会生产生活的接触，在原有理论、技术的基础上往往能产生新技术或者新发明，从而促进社会生产力的发展。晶体管的发明为电子电路集成化和信息表达数字化提供了物理基础，为信息技术革命吹响了号角。

2.2.3 原始创新在创新过程中的地位

在创新过程中，原始创新具有源头性、先导性、市场优先性等特点。这些特点揭示了原始创新在多种形式的创新中，以及在创新演进过程中的突出地位。

一是原始创新在创新过程中的源头性具有创新核心地位。原始创新是科技创新的基础与灵魂，是模仿创新、集成创新、引进消化吸收再创新等各种创新形式的前提与基础，因此原始创新具有创新的逻辑优先性。没有原始创新的突破与开拓，就没有其他创新发展的空间与领域，离开了原始创新，其他创新就失去了存在的可能性。可以说，原始创新在一家企业或一个国家的发展中占据着举足轻重的地位。

二是原始创新引领其他创新的发展，具有创新的先导性。科学理论的原始创新可以引发新的科研可能性，开辟新的研究领域，产生新的学科。原始技术创新则会引发技术领域的链式反应，开拓新市场，抢占技术新高地，获得科技竞争的制高点。

三是原始创新具有市场的优先性。一个企业的某项原始创新可能形成一种独占市场的垄断地位，该企业因而能凭借这一垄断地位获取超额利润。而模仿跟进者由于技术壁垒，难以获得和原始创新企业同等的利润回报。

2.3　原始创新的重要意义

2015 年 3 月 5 日，习近平总书记在参加十二届全国人大三次会议上海代表团审议时的讲话中强调："创新是引领发展的第一动力。抓创新就是抓发展，谋创新就是谋未来。适应和引领我国经济发展新常态，关键是要依靠科技创新转换发展动力。"原始创新是科技发展中特别是基础研究领域里的重大创新，而且基础研究创新又是科技创新的源泉。因此，原始创新位于科技创新链条的起点，在科学技术领域占有举足轻重的地位，进而对一个国家的经济、军事、政治、文化等各方面产生巨大的影响。

2.3.1　原始创新是自主创新的核心

自主创新包括原始创新、集成创新与引进消化吸收再创新三种方式。

其中，原始创新居于核心的位置。只有具备牢固的原始创新基础，才能在世界科技领域占有一席之地，才能在企业研发竞争中居于有利位置，摆脱受制于人的窘况。例如，我国电子行业如VCD、DVD、彩电等长期以来受制于西方发达国家，主要因为核心技术与专利权一直受控于人，所以国内电子企业只能居于市场的下游位置，将大部分收入拱手相送，而自己只能获得微薄的利润。这种不利的竞争地位归根结底是自主创新能力，特别是原始创新能力不足导致的。

改革开放以来，我国通过大规模的技术引进以及“以市场换技术”等方式，极大地促进了我国传统产业的技术改造和结构调整。但是，这种技术引进方式也带来了许多新的问题和矛盾。例如，“由于缺乏核心技术，我国企业不得不将每部国产手机售价的20%、计算机售价的30%、数控机床售价的20%～40%支付给国外专利持有者。由于我们产品的利润率过低，广大劳动者的工资水平也很难得到提高，从而使得扩大内需、促进现代服务业发展等国家重大战略难以顺利实现。另外，一些产业领域正在表现出一定程度的对外技术依赖，大到飞机、汽车、制造装备，小到服装、日化用品，国外品牌和技术主导的格局日益显现。”[28]因此，我们必须大力加强自主创新能力，提高自身的竞争水平。

加强自主创新能力要从三个方面入手：一是加强原始创新，努力获得更多的科学发现和技术发明；二是加强集成创新，使各种相关技术有机融合，形成具有市场竞争力的产品和产业；三是在引进国外先进技术的基础上，积极地促进消化吸收和再创新。加强原始创新是至关重要的，主要有三个原因。第一，原始创新是基础研究领域的重大理论突破与技术发明，它能直接带来具有自主知识产权的创新成果，从而解决因缺乏技术专利等知识产权所带来的问题。第二，原始创新能够引发持续的科学创新，即可能引发相关领域、产业的集群式创新，从而实现产业结构的调整与变革。第三，原始创新成果的首创性使科研机构或企业获得知识与技术上的优先地位，可以形成科学技术的优势积累，从而使科研机构或企业处于科技竞争的有利位置。

我们从日本与美国之间的经济竞争中，可以发现原始创新的重要性。日本在二战后的科技发展主要采取了“引进—吸收—消化—再创新”的方式，通过大量资本投入引进美国先进技术，再加以模仿并推陈出新，因此日本经济得到飞速发展。但 1973 年以后，日本经济发生了很大的变化：以前依靠大量资本投入和技术模仿取得的经济增长效应已经被大大削弱，GDP 增长率也明显下降，从 1951—1973 年的 9.25% 下降到 1973—1992 年的 3.76%。由于日本创新水平的快速发展，而同一时期美国的创新水平在减弱，所以一直到 20 世纪 90 年代初，日本的经济都领先于美国。20 世纪 90 年代后期则出现了巨大反差，美国经济依靠信息技术和以生物技术为特征的新经济取得了快速发展，日本经济则出现了停滞不前的状况。造成日本经济发展潜力与后劲不如美国的重要原因之一在于原始创新能力不足。日本一直在坚持模仿创新的科技发展策略，而忽略了原始创新能力的积累与发展。

2.3.2　原始创新是科技竞争的制高点

“基础科学是关于客观世界现象及物质内部结构和运动规律的系统理论知识。它是应用研究和高科技发展的先导和源泉。基础科学的理论成果以及对基础科学研究的态度和方法，已成为人类精神世界的重要组成部分，指导着人类科学的世界观和处世的科学精神的建立。它的研究水平是一个国家和民族文明程度的一种象征。”[29] 原始创新是基础研究中的重大创新，它是通过采用最新的研究方法在世界范围率先获得新的知识、发现新的现象和规律、发明新的技术和原理，为推动技术创新提供新的基础知识。

诺贝尔自然科学奖一般被人们看作原始创新的最高荣誉和标志。究其原因，除了获得诺贝尔奖的成果在推动人类进步方面发挥了巨大作用外，还有诺贝尔奖特别强调科学规律的最初发现和新技术的最初发明，即高度的首创性。诺贝尔奖获得者无疑是最杰出的创新人才，其原始创新成果为促进科学事业的发展和造福人类做出了积极的贡献[30]。诺贝尔奖获得者的研究成果成为科技发展的基础，为科学研究开辟了新的方向。后人的许多努力并不在于重复他们的工作，而是要在他们的基础上，在新结构、新体系以及新的应用领域方面，做出创新性的工作。现代科学理论不仅走在技术和生产前面，而且为技术、生产的发展开辟了各种可能的途径。例如，量子理论的诞生，开拓了集成电路和电子计算机的发展道路；相对论及原子核裂变原理导致核技术的形成，带动了原子能在军事、动力、医疗等领域的应用；生物大分子 DNA 双螺旋结构模型从分子水平上建立了生物界多样性和生命物质一致性的辩证统一观，为生物工程奠定了基石。科学发展的历史经验表明，基于基础研究和应用基础研究的原始创新会带动一批新产业的崛起和壮大，开辟全新的产品和服务市场，如尼龙、电视机、个人计算机、互联网等的发明都是沿着其创新链条可以溯及基础研究领域的原始创新。现代技术革命的成果绝大部分是源于科学理论基础的原始创新，因此原始创新已成为当代科技竞争的战略制高点。

我们以生物大分子 DNA 双螺旋结构的发现为例，说明原始创新的核心作用。1953 年，DNA 双螺旋结构模型这一原始创新产生之后，在生物学领域引发了一系列的连锁反应：分子生物学迅速兴起，基因工程、生物工程等产业也迅速崛起，由此带动了一大批交叉学科的兴起。例如，1973—1974 年，美国科学家斯坦利·科恩（Stanley Cohen）和博耶（H. Boyer）发明了 DNA 重组技术。其后，博耶成功地运用这一技术制成人的生长激素，1983 年人的生长激素产品率先进入市场，随后引发了 20 世纪 70 年代末 80 年代初的基因工程工业化的浪潮。基因工程产生后，其迅速渗透到传统生物技术的所有领域，并最终形成了包括酶工程、发酵工程、细胞工程和基因工程四大领域在内的当代生物技术体系。截止到 20 世纪末，全世界有 50 多个国家和地区拥有生物工程企业。据有关资料统计，迄今生物工程所获得的产品不少于 160 种。这些最新成果已经对人类健康、生命质量、农业生产及其产品加工产生了积极而深远的影响。基因组学、蛋白质组学、生物信息学、分子神经发育生物学和分子生态学等新兴交叉学科也快速发展起来，使人类从分子水平认识了遗传、发育与衰老、代谢与免疫、生态与进化，以及生物多样性的演变规律。2001 年 2 月 12 日，美国、英国、法国、德国、日本和中国的科学家共同参与的国际人类基因组公布了人类基因组图谱及初步分析结果。这个被誉为生命科学“登月计划”的研究项目取得重大进展，为人类揭开自身奥秘奠定了坚实的基础。人类基因组图谱及初步分析结果的公布将推动基因组测序工作、基因功能的研究和基因技术的应用，从而推动整个生物技术的发展。从上述生物学理论与实践的发展中可以看出，原始创新直接影响并主导了科技发展的进程，它是科技发展的制高点。

2.4　习近平总书记关于原始创新的重要论述及其重大意义

2.4.1　习近平总书记关于原始创新的重要论述

党的十八大以来，以习近平同志为核心的党中央把创新摆在国家发展全局的核心位置，高度重视科技创新工作，坚持把创新作为引领发展的第一动力。2020 年 9 月 11 日，习近平总书记在科学家座谈会上的讲话中强调：“我们必须走出适合国情的创新路子，特别是要把原始创新能力摆在更加突出的位置，努力实现更多‘从 0 到 1’的突破。”[31] 习近平总书记关于原始创新的重要论述的主要内容有以下四点。

1. 明确原始创新在科技创新体系中的源头作用

原始创新能力在很大程度上决定着一个国家、一个民族的核心竞争力。原始创新属于“从 0 到 1”的首创，是“无中生有”的质变，具有突破性、超前性等特点。原始创新有着很强的连锁效应，往往是新技术、新发明的先导，除了对科技创新具有重大引领作用外，还可能带来经济结构和产业形态的重大变革甚至引发科技革命与产业革命。2014 年 6 月 9 日，习近平总书记在中国科学院第十七次院士大会、中国工程院第十二次院士大会上强调：“我国科技发展的方向就是创新、创新、再创新。要高度重视原始性专业基础理论领域突破，加强科学基础设施建设，保证基础性、系统性、前沿性技术研究和技术研发持续推进，强化自主创新成果的源头供给。”在科技发展史上，一项重大原始创新成果引发系列技术创新的例子比比皆是。例如，1831 年英国科学家法拉第发现了磁与电之间的相互联系和转化关系：只要穿过闭合电路的磁通量发生变化，闭合电路中就会产生感应电流。这种利用磁场产生电流的现象称为“电磁感应”，产生的电流称作感应电流。可当法拉第向人们展示电磁感应现象时，却遭到很多人甚至包括科学家的质疑，但后来电磁感应理论逐渐被广泛应用于电子技术、自动化等领域，人类因此进入电气时代，并引发了一系列技术创新与重大发明。可见，重大原始创新是科技创新的主要渠道，是引发其他创新的“源头活水”。因此，习近平总书记指出：“信息、生命、制造、能源、空间、海洋等的原创突破为前沿技术、颠覆性技术提供了更多创新源泉，学科之间、科学和技术之间、技术之间、自然科学和人文社会科学之间日益呈现交叉融合趋势，科学技术从来没有像今天这样深刻影响着国家前途命运，从来没有像今天这样深刻影响着人民生活福祉。”[32]

2. 强调原始创新是解决技术“卡脖子”问题的关键之举

习近平总书记指出，如果总是跟踪模仿，是没有出路的。我们必须着力提高自主创新能力，加快推进国家重大科技专项，深入推进知识创新和技术创新，增强原始创新、集成创新和引进消化吸收再创新的能力，不断取得基础性、战略性、原始创新的重大成果[33]。

第一，核心技术是买不来的。习近平总书记对科学研究和科技创新规律的理解非常深刻，他经常鼓励科研人员要做中国原创的、自主的科研。他多次强调：核心技术是买不来的，仅在 2013 年就 4 次提及这一观点。2013 年 3 月 4 日，在参加全国政协十二届一次会议科协、科技界联组讨论时，习近平总书记提出："在引进高新技术上不能抱任何幻想，核心技术尤其是国防科技技术是花钱买不来的。……只有把核心技术掌握在自己手中，才能真正掌握竞争和发展的主动权，才能从根本上保障国家经济安全、国防安全和其他安全。" 7 月 17 日，在中国科学院考察工作时，他强调："真正的核心技术是买不来的。正所谓'国之利器，不可以示人'。只有拥有强大的科技创新能力，才能提高我国国际竞争力。" 9 月 30 日，在第十八届中央政治局第九次集体学习时，习近平总书记再次提出，如果自主创新上不去，一味靠技术引进，就难以摆脱跟着别人后面跑、受制于人的局面。而且，关键技术是买不来的。11 月 5 日，习近平总书记提出："实践告诉我们，真正的核心关键技术是花钱买不来的，靠进口武器装备是靠不住的，走引进仿制的路子是走不远的。"[34]

第二，核心技术要掌握在自己手中。习近平总书记指出："实践反复告诉我们，关键核心技术是要不来、买不来、讨不来的。只有把关键核心技术掌握在自己手中，才能从根本上保障国家经济安全、国防安全和其他安全。"[35]只有加强科技创新特别是原始创新，在关键领域不被"卡脖子"，掌握主动权，才能建立不受制于人的产业链供应链，进而推动形成以国内大循环为主体、国内国际双循环相互促进的新发展格局；才能在激烈的国际竞争中抢占先机，占据有利位置，充分发挥掌握核心技术带来的战略主动权；才能在复杂多变的国际形势下稳坐"钓鱼台"，保持战略定力，突破西方敌对势力的技术封锁和科技围堵。

第三，要加强基础理论研究能力，解决"卡脖子"问题。习近平总书记从战略层面深刻分析困扰我国经济发展核心技术的"卡脖子"问题：我国面临的很多“卡脖子”技术问题，根子是基础理论研究跟不上，源头和底层的东西没有搞清楚。因此，破解“卡脖子”问题必须对症下药，即从基础理论研究入手，从创新源头——原始创新发力。在 2020 年 9 月 11 日的科学家座谈会上，习近平总书记强调：“一方面要遵循科学发现自身规律，以探索世界奥秘的好奇心来驱动，鼓励自由探索和充分的交流辩论；另一方面要通过重大科技问题带动，在重大应用研究中抽象出理论问题，进而探索科学规律，使基础研究和应用研究相互促进。”同时，针对如何提高我国基础研究能力，习近平总书记还从多渠道加大基础研究投入，强化政策扶持，营造良好的科研生态，建立健全科学评价体系、激励机制，加强国内国际学术交流等方面，为全面提升我国科技原始创新能力提供“秘方良药”。

第四，要以集体攻关和社会主义制度优势推动核心技术攻关。围绕国家战略发展需要，组织跨地区、跨部门、跨专业的大型科研合作团队进行集体科研攻关是我国的传统优势，在我国重大科研项目如“两弹一星”、航天工程中发挥了重要作用。社会主义制度具有集中力量办大事的显著优势，能够快速调动和集中各种科研资源为重大科技攻关服务。习近平总书记在 2020 年 9 月 11 日召开的科学家座谈会上强调：“要充分发挥国家作为重大科技创新组织者的作用，坚持战略性需求导向，确定科技创新方向和重点，着力解决制约国家发展和安全的重大难题。要发挥我国社会主义制度能够集中力量办大事的优势，优化配置优势资源，推动重要领域关键核心技术攻关。”

3. 确定原始创新发展的三个方向

2016 年 5 月 30 日，习近平总书记在全国科技创新大会、中国科学院第十八次院士大会和中国工程院第十三次院士大会、中国科学技术协会第九次全国代表大会上的讲话中指出：“实现‘两个一百年’奋斗目标，实现中华民族伟大复兴的中国梦，必须坚持走中国特色自主创新道路，面向世界科技前沿、面向经济主战场、面向国家重大需求，加快各领域科技创新，掌握全球科技竞争先机。”这“三个面向”为我国科技原始创新指明了发展方向。

第一，原始创新要面向世界科技前沿领域。2016 年 5 月 30 日，习近平总书记在全国科技创新大会、中国科学院第十八次院士大会和中国工程院第十三次院士大会、中国科学技术协会第九次全国代表大会上的讲话中指出：“我国科技界要坚定创新自信，坚定敢为天下先的志向，在独创独有上下功夫，勇于挑战最前沿的科学问题，提出更多原创理论，作出更多原创发现，力争在重要科技领域实现跨越发展，跟上甚至引领世界科技发展新方向，掌握新一轮全球科技竞争的战略主动。”当今世界科技竞争的焦点集中于科技发展前沿领域。科技前沿领域代表着未来科技发展的趋势和潜力，既是抢占科技竞争制高点的战略选择，也是改变竞争格局、实现弯道超车的有利时机。科技前沿领域的研究既是原始创新产生的主要途径，也是原始创新成果出现的“多发区”和“丰产区”。加快科技前沿领域的基础研究和原始创新，是建设世界科技强国的内在要求。我们必须审时度势，面向世界科技前沿开展具有前瞻性的研究，加强跨学科、交叉学科的合作研究，为未来主流科技研发积累经验，抢占先机。习近平总书记强调：“要瞄准世界科技前沿，抓住大趋势，下好‘先手棋’，打好基础、储备长远，甘于坐冷板凳，勇于做栽树人、挖井人，实现前瞻性基础研究、引领性原创成果重大突破，夯实世界科技强国建设的根基。”[36]

第二，原始创新要服务经济社会发展。原始创新往往具有周期长、风险大、挑战性强、需要的资源多等特点，因而对于我国这样一个发展中国家来说，原始创新具体领域的选择显得尤为重要。少花钱多办事，集中力量攻克科研难关是我国科技研发的重要经验和必要选择。那么，怎样让有限的科研资源发挥出最大的潜力呢？面向经济主战场加快科技创新，是保持我国经济持续健康发展的必然选择。经过改革开放 40 多年的发展，我国的综合国力有了巨大提升，经济总量已经长期居世界第二的位置。但是，我国仍处于社会主义初级阶段，是发展中国家的国际地位并没有改变。我国经济发展的很多领域呈现大而不强、大而不优的状况。过去依靠要素投入推动经济增长的方式已不可持续，我国的发展迫切需要向依靠科技创新、依靠高质量发展转变。因此，习近平总书记强调："促进科技和经济结合是改革创新的着力点，也是我们与发达国家差距较大的地方。要围绕产业链部署创新链，聚集产业发展需求，集成各类创新资源，着力突破共性关键技术，加快科技成果转化和产业化，培育产学研结合、上中下游衔接、大中小企业协同的良好创新格局。"[37] 原始创新也要适应这一发展形势，不断面向经济社会发展的主战场，加快原创型科研成果的转化，加快以应用型基础研究作为原始创新的发展着力点。

第三，原始创新要面向国家重大战略需求。随着科技发展对世界影响的日益加深，国家对具有战略性价值与作用的重大科技的需求比以往任何时期都更加迫切、更加关键。原始创新因其源头性、引领性、超前性等特点对一个国家未来的发展具有重要战略意义。因此，必须将原始创新置于国家重大战略需求的突出位置，让原始创新真正成为带动国家科技发展、实现中华民族伟大复兴的原动力。2016 年 5 月 30 日，习近平总书记在全国科技创新大会、中国科学院第十八次院士大会和中国工程院第十三次院士大会、中国科学技术协会第九次全国代表大会上的讲话中指出："党中央已经确定了我国科技面向 2030 年的长远战略，决定实施一批重大科技项目和工程，要加快推进，围绕国家重大战略需求，着力攻破关键核心技术，抢占事关长远和全局的科技战略制高点。"而发挥这一作用要通过围绕国家战略需求，实施重大科技项目来推动。例如，围绕我国基础科学研究短板，加强底层基础技术、基础工艺能力的研发，在工业母机、高端芯片、基础软硬件、开发平台、基本算法、基础元器件等具有"卡脖子"特点领域的原始创新的科研攻关。习近平总书记指出："2014 年 8 月，我们确定要抓紧实施已有的16个国家科技重大专项，进一步聚焦目标、突出重点，攻克高端通用芯片、集成电路装备、宽带移动通信、高档数控机床、核电站、新药创制等关键核心技术，加快形成若干战略性技术和战略性产品，培育新兴产业。”[38]

4. 洞悉原始创新孕育的三种精神

创新作为人类一项具体的实践行动，需要科学方法的指导。我们在创新实践中不仅要勇于创新，还要善于创新。习近平总书记高度重视科技创新的方法论，他关于原始创新的重要论述中蕴含着孕育原始创新的重要精神。

一是原始创新需要科学的求真精神。科学探索的目的就是要发现事物的客观规律性。原始创新，特别是基础科学领域的原始创新作为科学研究中研发难度最大、研究周期最长的创新类型，既需要一种持之以恒、不断探索的勇气和信心，也需要“十年磨一剑”的耐力和恒心，还需要严谨求实的科学态度以及追求卓越的工匠精神。2014 年 6 月 9 日，习近平总书记在中国科学院第十七次院士大会、中国工程院第十二次院士大会开幕会上的讲话中强调：“我国广大科技工作者要敢于担当、勇于超越、找准方向、扭住不放，牢固树立敢为天下先的志向和信心，敢于走别人没有走过的路，在攻坚克难中追求卓越，勇于创造引领世界潮流的科技成果。”[39]

二是原始创新需要科学的批判精神。科学的批判精神是原始创新的内在要求，因为原始创新本身就是源头性创新、突破性创新，是没有先例可以参考的，只有大胆开拓，勇于质疑现有理论和假设，才有可能创造最大的“不可能”。从这个意义上说，没有质疑就没有原始创新。2013 年 7 月 17 日，习近平总书记在中国科学院考察工作时强调：“学贵知疑，小疑则小进，大疑则大进。”要创新就要有强烈的创新意识，凡事要有“打破砂锅问到底”的劲头，敢于质疑现有理论，勇于开拓新的方向，攻坚克难，追求卓越。他还指出，要有强烈的创新自信。我们既要引进和学习世界先进的科技成果，更要走前人没有走过的路，勇于在自主创新上大有所为。

三是原始创新需要哲学思辨精神。哲学是科学之母，哲学思辨是人类思维的高级形式，其中蕴含着丰富的人生智慧与创造精神。创新离不开对客观事物内部联系的详尽考察。唯物辩证法认为，世界是普遍联系和永恒发展的，没有完全孤立的事物与现象。辩证思维本质上是一种哲学方法，是一种发现客观事物内部联系，透过现象把握本质的思维方法。辩证思维长于以小见大，透过现象洞察本质；抓住事物发展的主要矛盾和矛盾的主要方面；发现事物各矛盾之间相互转化的契机从而抓住创新发现的良机；引发创造性思辨；等等。包括辩证思维在内的哲学思辨是科技工作者进行创新活动必要的思想武器。哲学思辨对于原始创新的意义在于，从一般方法论层面深化对客观世界规律的认识，以哲学的超越性跳出思维的局限性，孕育原始创新的灵感与契机。在 2020 年 9 月 11 日召开的科学家座谈会上，习近平总书记强调："科技创新特别是原始创新要有创造性思辨的能力、严格求证的方法，不迷信学术权威，不盲从既有学说，敢于大胆质疑，认真实证，不断试验。"推进原始创新，需要广大科技工作者敢于提出新理论、开辟新领域、探索新路径，聚焦前瞻性基础研究和学科交叉领域，实现原创成果的重大突破。中科院院长白春礼院士认为："中国的科学发展要实现阶段性跨越，就必须紧扣科学前沿中的基本问题进行开拓和创新，而不能只是在已建立的概念体系和研究路径上跟踪国际上的工作。为此，科学家必须提升自己的创造性思维能力，其中哲学学习和哲学思维的训练非常重要。"[40]

因此，原始创新需要广大科技工作者善于思考、打破常规、勇于创新、开拓新路，既要有一往无前的追求科学和科学探索求真精神，又要有敢于质疑、勇于挑战的科学批判精神，还要有抽茧剥丝、由表及里、全面辩证的哲学思辨精神。原始创新之路充满艰辛与荆棘，唯勇毅果敢、目标远大、脚踏实地、善作善成的科研工作者方可一探究竟。

2.4.2　习近平总书记关于原始创新重要论述的重大意义

习近平总书记关于原始创新的重要论述立足新时代中国建设社会主义现代化强国的宏伟目标和伟大实践，为我国建设科技强国的实践提供了科学指南，具有鲜明的时代特色和时代价值。习近平总书记关于原始创新的重要论述丰富了马克思主义科技创新思想，指明了我国原始创新发展的方向，为我国提升原始创新能力、补齐原始创新短板、解决核心技术“卡脖子”问题提供了现实指南，为进一步强化中国自主创新能力，建设科技强国和实现中华民族伟大复兴起到重要的指导作用。

1. 为新时代提升中国科技原始创新能力提供了行动指南

当今世界正处于百年未有之大变局，科技创新特别是科技前沿领域的原始创新，既是世界各国未来战略竞争的焦点，也是决定未来世界格局的重要“先手棋”。创新是引领发展的第一动力，是建设现代化经济体系的战略支撑，以原始创新为核心的自主创新是中国从制造大国向制造强国，从“中国制造”向“中国智造”转变的必由之路。中国必须坚持走中国特色自主创新道路，面向世界科技前沿领域、面向经济社会发展、面向国家重大战略需求，加快各领域科技创新，掌握全球科技竞争先机。习近平总书记强调：“要突出先导性和支柱性，优先培育和大力发展一批战略性新兴产业集群，构建产业体系新支柱。要推进互联网、大数据、人工智能同实体经济深度融合，做大做强数字经济。要以智能制造为主攻方向推动产业技术和优化升级，推动制造业产业模式和企业形态根本性，以‘鼎新’带动‘革故’，以增量带动存量，促进我国产业迈向全球价值链中高端。”[41]

习近平总书记关于原始创新的重要论述，深刻揭示了原始创新在中国科技创新系统中的源头作用，深刻阐明了原始创新是中国抢占科技竞争制高点的重要战略意义，深刻论述了原始创新是解决中国核心技术“卡脖子”问题的必然选择，为我国原始创新的发展指明了方向。第一，原始创新要聚焦关键核心技术。关键核心技术是要不来、买不来、讨不来的。关键核心技术关乎国家经济安全、国防安全和其他安全，如果不掌握在自己的手中，就会在关键时刻因被“卡脖子”而受制于人。第二，原始创新要聚焦科技前沿领域。科技前沿领域既是原始创新产生的“富矿区”，也是引领科技发展潮流，抢占科技发展先机的“兵家必争之地”。第三，原始创新要聚焦基础研究。基础研究是科学体系的源头，是建成世界科技强国的根基。我们要紧跟科技发展的时代潮流，加强科技前沿领域的基础研究，加大基础研究的投入力度。习近平总书记强调：“基础研究一方面要遵循科学发现自身规律，以探索世界奥秘的好奇心来驱动，鼓励自由探索和充分的交流辩论；另一方面要通过重大科技问题带动，在重大应用研究中抽象出理论问题，进而探索科学规律，使基础研究和应用研究相互促进。”[42]第四，原始创新要聚焦民生发展。习近平总书记高度重视科技创新的社会功能，关注科技服务社会经济发展，服务民生福祉的重要作用。他强调，要把满足人民对美好生活的向往作为科技创新的落脚点，把惠民、利民、富民、改善民生作为科技创新的重要方向[43]。习近平总书记关于原始创新重要论述中蕴含的新思想、新观点、新论断，必将指引中国原始创新之路越走越宽广，中国原始创新的成果越来越丰富。

2. 为新时代中国科技原始创新的发展提供了强大动力

习近平总书记关于原始创新重要论述中蕴含了推动中国科技原始创新的动力，是推动中国科技原始创新不断前进的强大支撑。一是激发原创科技人才的内生动力。原创人才是原始创新的主体，是科技原始创新最基础、最重要、最能动的因素。习近平总书记强调：“要尊重人才成长规律和科研活动自身规律，培养造就一批具有国际水平的战略科技人才、科技领军人才、创新团队。要高度重视青年科技人才成长，使他们成为科技创新主力军。要面向世界汇聚一流人才，吸引海外高端人才，为海外科学家在华工作提供具有国际竞争力和吸引力的环境条件。”[44]二是宽松创新环境的外部推动力。全面深化科技体制改革，提升创新体系效能，向制度要动力。最大限度释放和激发科学工作者的潜力和创新力，最大限度释放和激发科技作为第一生产力的潜能，最大限度释放和激发制度改革所蕴藏的强大能量。习近平总书记强调：“要坚持科技创新和制度创新‘双轮驱动’，以问题为导向，以需求为牵引，在实践载体、制度安排、政策保障、环境营造等方面持续用力，强化国家战略科技力量，提升国家创新体系整体效能。”[45]做好科技原始创新的顶层设计，深化科技体制改革、优化原始创新环境、大力培育原始创新型科技人才，在全社会范围内树立尊重知识、尊重创造、尊重人才的创新文化。通过原始创新软硬环境的改善与提高，不断夯实我国科技原始创新的土壤，为我国科技原始创新提供强大支撑。三是国家战略和社会需求的强大推动力。习近平总书记提出：“广大工程科技工作者既要有工匠精神，又要有团结精神，围绕国家重大战略需求，瞄准经济建设和事关国家安全的重大工程科技问题，紧贴新时代社会民生现实需求和军民融合需求，加快自主创新成果转化应用，在前瞻性、战略性领域打好主动仗。”[46]实践表明，党的十八大以来，我国坚持中国特色自主创新道路，实施创新驱动发展战略，实现了在创新发展前所未有的历史跨越时期，一批原创成果持续涌现，推动了我国经济社会发展不断迈向新阶段。总之，习近平总书记关于原始创新的重要论述既是我国原始创新发展强大的思想武器，也是推动我国科技工作者进行创造实践的强大动力。

本章参考文献

[1][14][16][18]倪文杰，张卫国，冀小军，等. 现代汉语辞海[M]. 北京：人民中国出版社，1994.

[2]COWIE A P. Oxford Advanced Learner's Dictionary of Current English [M]. 4th ed. New York：Oxford University Press，1989.

[3]现代汉语辞海编委会. 现代汉语辞海[M]. 北京:印刷工业出版社,2002.

[4]徐冠华. 重视基础研究 推动原始创新[J]. 中国科技奖励,2001(2):4.

[5]吴海江. 科学原创与科学积累[J]. 自然辩证法研究,2002(5):47.

[6]陈雅兰,韩龙士,王金祥,等. 原始创新的影响因素与演化机制探究[J]. 科学学研究,2003(4):433.

[7]973计划基础研究共性重大问题战略研究组. 对提升原始性创新能力的一些建议[J]. 中国基础科学,2004(2):7.

[8][9]叶鑫生. 源头创新:原始性+唯一性[N]. 科学时报,2001-05-27.

[10]杨宁. 基于原始创新的一流大学 [J]. 吉林教育科学(高教研究版),2001(5):10.

[11]张婵爱. 加强原始创新 促进基础研究的发展 [J]. 山西高等学校社会科学学报,2002(10):36.

[12]邹承鲁,陈述彭,陈平原,等. 自然、人文、社科三大领域聚焦原始创新 [J]. 中国软科学,2002(8):21.

[13]韩宇,李正风. 基于研究创新概念辨析及对相关问题的思考 [J]. 中国基础科学,2001(3):34-35.

[15]辞海编辑编委会. 辞海[M]. 上海:上海辞书出版社,1999.

[17]刘仲林. 中国创造学概论[M]. 天津:天津人民出版社,2001.

[19]孙慕天. 作为科学哲学概念的创新:发现与创新的关系辨析[J]. 自然辩证法研究,2002(1):4.

[20]AMIDON D M. Innovation strategy for the knowledge economy:the ken Awakening[M]. Boston:Butterworth Heinemann,1997.

[21]路甬祥. 创新与未来[M]. 北京:科学出版社,1998.

[22]王永杰,陈加宏,陈光,等. 研究型大学在知识创新中的地位和作用

[J]. 科学学研究,2000(2):46.

[23]苏屹,周文璐,吴雷. 自主创新的创新过程与概念辨析研究[J]. 科学管理研究,2013(2):24.

[24]赵辉. 自主创新概念解析[J]. 中国科技信息,2009(13):278.

[25]徐冠华. 中国科技发展的回顾和几点建议[R/OL]. [2019-11-11]. http://www. china-nea cn/site/content/36609. html.

[26]于绥芬. 关于基础研究原始创新的思考[J]. 科技进步与对策,2003(1):64-65.

[27]维纳. 控制论[M]. 赫季仁,译. 北京:科学出版社,1963.

[28]徐冠华. 关于自主创新的几个重要问题[J]. 中国软科学,2006(4):4.

[29]白春礼. 原始创新:基础研究之魂[J]. 中国基础科学,1999(1):4.

[30]郝凤霞,张春美. 原始创新思维的源泉:百年诺贝尔奖获奖者知识交叉背景研究[J]. 自然辩证法研究,2001(9):55.

[31][42][44]习近平. 在科学家座谈会上的讲话:单行本[M]. 北京:人民出版社,2020.

[32][35][36][41][43][45][46]中央党史和文献研究院,中国外文局. 习近平谈治国理政:第三卷[M]. 北京:外文出版社,2020.

[33][34][37][38][39]中共中央文献研究室. 习近平关于科技创新论述摘编[M]. 北京:中央文献出版社,2016.

[40]齐芳. 中科院为什么要成立哲学研究所[N]. 光明日报,2020-09-25(8).

第3章 原始创新的动力

从系统理论看，原始创新是由创新主体、创新动力与机制、创新环境等基本要素相互作用、相互配合形成的，存在于社会大系统中，受社会经济、政治、科技、文化等环境因素的制约，是具有动态开放结构的系统。其系统结构的形成和变化、系统秩序的维持及其社会运行的展开，并不是偶然的冲动行为所致，而是依赖于原始创新系统内部各组成要素之间，以及创新系统与其外部社会环境之间的互动作用所形成的社会动力的支持和促进。因此，探讨原始创新动力及其表现形式构成了研究原始创新活动的一个重要问题。

3.1 西方科技创新动力理论述评

3.1.1 科学哲学对科学发现的研究

科学发现是科技创新的重要内容之一。20世纪，西方科学哲学非常重视科学发现的方法论和认识论研究。科学发现是20世纪科学哲学研究的一个核心概念，对科学发现的哲学反思可以追溯到17世纪。自那时起，围绕科学发现问题便形成了三种基本的科学认识论导向：培根的归纳主义模式、笛卡尔的演绎推理模式、惠威尔的假设主义模式。这三种模式分别侧重于思维的某个具体层面，反映了科学哲学家对科学发现不同维度的理性思考。

20世纪50年代，科学哲学家认识到，科学哲学或科学方法论的任务应是分析和证明已经形成的知识，而关于知识的起源和科学发现的过程则是心理学家、社会学家研究的问题。逻辑经验主义的代表人物汉斯·赖欣巴哈（Hans Reichenbach，1891—1953）曾明确指出："对于发现的行为是无法进行逻辑分析的。"[1]他提出的"发现的上下文"和"证明的上下文"的二分法将科学辩护与发现问题区分开。波普尔（Karl R. Popper，1902—1994）支持赖欣巴哈的观点，认为认识论或科学发现的逻辑与科学方法论是同一个东西，想出或发明理论并不需要逻辑分析，甚至不受其影响。第一个科学发现都包含"非理性的因素"或柏格森的"创造性直觉"。库恩（Thomas Kuhn，1922—1996）提出了科学发现的范式转化理论，认为科学革命就是一种范式向另一种范式的转换。库恩的理论在一定程度上反映了科学理论发展的历史过程，同时也体现了科学创新的特点。从本质上看，科学革命其实是人们认识观念的转变过程。引发科学革命的科学思想与理论由于其内在的开创性与革命性作用，故一般都归属于原始创新的范畴。库恩的范式理论虽强调了科学革命时期的创新特点，但正如法国思想家埃德加·莫兰（Edgar Morin）所说："即使在科学的正规时期的活动里，也存在着持续的科学革命。"[2]戴维·玻姆（David Bohm）也指出："在科学理论的形成中，有个类似的创造过程在发挥作用。这里，仅仅在相同的概念基础上进行反复操作是不够的，正如对于相同的主题做无穷的艺术变化是不够的。有必要从根本上为创新的感知和表述而奋斗，即令它们可能从根本上改变现存的模式。"[3]图尔敏（S. Toulmin）在科学哲学中首次定义了科学创新的概念："所有重大的科学创新……旨在用新颖的概念对我们的经验作出新的解释……"[4]他还提出了两种不同的发现：自然史的发现与理论科学的发现。前者的发现方法是观察、积累经验材料或归纳，后者则使用了建构的方法。汉森（N. R. Hanson）认为，科学发现的过程贯穿了概念的创造，理论不是对观察现象的拼凑，而是对现象的整合。他提出的科学发现的溯因推理或逆推法认为，发现的逻辑也可以实现证明的功能，只不过是在不同的环境中。但逻辑分析并不能覆盖整个科学发现过程，在逻辑之外还必须求助于心理学与社会学等学科的相关分析与阐释。

西方科学哲学家对科学发现的哲学研究持续了很长时间，但经过长期努力后，最终认识到并不存在纯粹的科学发现的逻辑。正如爱因斯坦所说，从经验事实到定律或理论均没有“逻辑通道”。究其原因，关键在于科学发现不是一个纯逻辑的或数学的运算过程，而是一个包括思维跳跃的创造性过程。“如果你找到科学发现的逻辑，你就会陷入这样一个两难推理：如果你找到这种逻辑，你就会排除发现的创造性或者你剥夺科学发现的创造性，你就做不出任何发现。”[5]

科学发现是一个逻辑推理和思想跳跃相互促进的交替过程，正确的推理为思想跳跃做准备，思想跳跃又使逻辑推理在更高水平上进行。也可以说，科学发现是科学知识发展连续性和间断性的统一。在新知识与已有知识之间存在一种继承关系。在这个意义上，一方面，科学发现是已有知识合乎逻辑的结果；另一方面，科学发现尤其是构成科学重大进展的发现，与已有知识完全不同，或在框架系统上根本不同，是已有知识发展的中断。强调科学发现的理性而否认它的创造性，或强调科学发现的创造性而否认它的理性，这些都是片面的。

在西方科学哲学对科学发现的研究中，不管是归纳主义的、演绎推理的还是直觉主义的，都有不足之处。科学发现的归纳法、演绎法以及溯因法，可能都只是抓住了科学发现过程的一个侧面。在科学发现过程中的某个阶段它们可能发挥了重要作用，但并非在整个科学发现过程中都起作用。正如恩格斯所说：“归纳和演绎……是必然相互联系着的，不应当牺牲一个而把另一个捧到天上去，应当把每一个都用到该用的地方。而要做到这一点，就只有注意它们的相互联系，它们的相互补充。”[6] 在科学发现的模式中，归纳法、演绎法和溯因法都可以被结合进去，并使它们处于相互联系、相互补充的关系中，各得其所、各尽其能，从而使科学发现模式成为更加符合科学实际的理性重建。

3.1.2　西方技术创新动力模式研究简述

在本书导言中我们提到，国外虽然对原始创新的研究较少，但是对技术创新的研究相当成熟。由于原始创新中包含了技术原始创新，因此可以借鉴西方技术创新的相关研究成果来研究原始创新。西方技术经济学系统地考察了技术创新的动力机制问题，从不同的角度和层次对技术创新的动力机制进行了详细研究，并取得了许多有价值的研究成果，其中较有影响的技术创新动力模式主要有以下四种。

1. 技术创新的线性模式

第二次世界大战之后，美国的万尼瓦尔·布什（Vannevar Bush，1890—1974）在其《科学：没有止境的前沿》的报告中，对战争结束后国家怎样才能保持对科研的投资提出了自己的观点。该报告中提出的基础科学及其与技术创新之间的关系等观点，成为战后数十年国家科学政策部署与实施的重要理论依据。布什在报告中用两句话概述了自己的看法：一是“基础研究的实施不考虑实际后果”，二是“基础研究是技术进步的先驱”。正如司托克顿（D. E. Stokes）所说：“如果说布什的第一句格言表达了战后范式的静态形式，那么他的第二句则为动态形式奠定了基础。”[7]

布什提出的科学研究的直线性范式如图 3－1 所示。

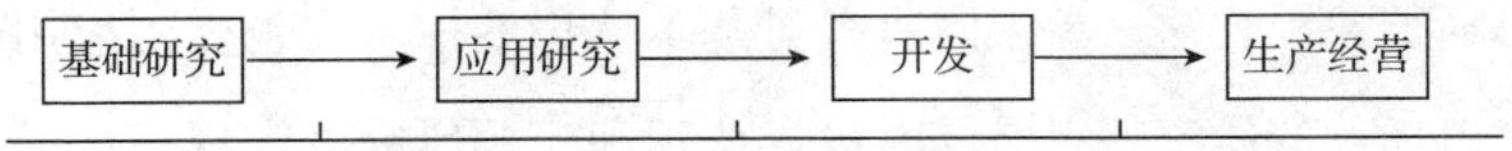

图 3－1　科学研究的直线性范式

这一模式表明：科学研究是从基础研究开始的，依次经历基础研究、应用研究、开发与生产经营四个阶段，每个后续阶段都依赖于前一个阶段。而科学技术发展的事实是否如此呢？司托克顿从著名科学家巴斯德

(Louis Pasteur，1822—1895）的科研特点出发，提出了一种新的理论模型来回应这一问题。司托克顿认为，基础研究从研究的侧重点上可以划分为应用型基础研究与纯基础研究两类。应用型基础研究是沟通基础研究与应用研究的桥梁，它一方面增加了基础研究的知识，另一方面开辟了应用研究的方向。巴斯德的研究就属于应用型基础研究。他不仅创立了微生物学，同时又解决了诸如发酵技术、消毒技术之类的应用型实际问题。基于这一认识，司托克顿提出了科学研究的象限理论，其模型如图3－2所示。

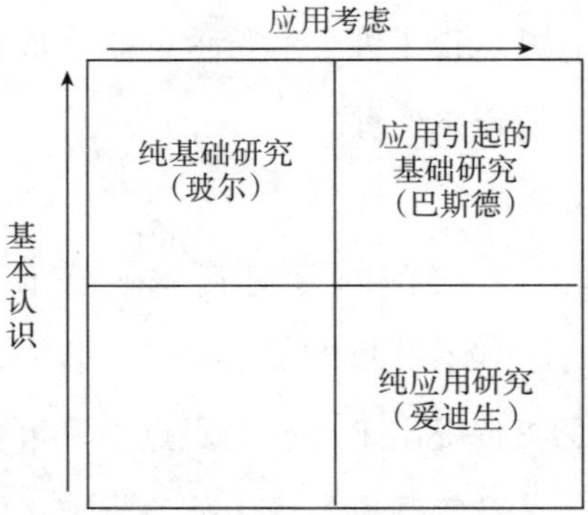

图3－2　科学研究的象限模型

在图3－2中，左上角的象限是玻尔象限，是指对基本认识要求高而对实际应用考虑少的纯基础研究领域。因为尼耳斯·玻尔（Niels Bohr，1885—1962）对原子结构模型的探讨呈现一种纯粹的自由式发现。这一类型研究代表了古希腊自然哲学家单纯研究思想的传承与倾向。右上角的象限是巴斯德象限，这一象限既重视对基本认识的探求，也受到应用研究的影响。巴斯德的研究特点是同时投入认识和应用研究，实现了这两个目标的结合。该类别包括曼哈顿工程研究、欧文·朗缪尔（Irving Langmuir，1881—1957）的表面物理学等。右下角的象限是爱迪生象限，这里主要考虑的是实际应用，对基本知识的探求兴趣很少。托马斯·阿尔瓦·爱迪生（Thomas Alva Edison，1847—1931）的研究偏重于对技术应用的发明创造，他对发明物后面更深层的科学含义与知识没有特别的兴趣与爱好。左下角的象限尚未命名，这一象限中对基本认识与应用考虑得都较少，主要指创新活动中一些基于特殊兴趣所引发的偶然性发现行为等。

2. 市场推动模式

市场推动模式是自20世纪60年代以来对技术创新进行的一系列实证研究的结果。一般来讲，技术创新动力的需求拉力模式是施穆克勒（J. Schmookler）首先提出的。第二次世界大战期间，雷达系统、计算机等重大技术原创成果的成功实现，为这种模式提供了一种清晰且明显的实际佐证和印象认同。市场推动模式可以表示为：市场需求—应用研究—开发研究—技术创新。

市场推动模式植根于市场经济和市场机制的特征与要求的前提下。市场竞争、企业的生存与发展，促使人们必须不断地追求技术创新；与此同时，这种对于技术创新的需求持续存在，也带动了经济系统与技术创新活动之间互动关系的生成和发展。

以上两种模式的提出为技术创新的动力机制研究确定了一种基本的理论分析框架。

3. N—R关系模式

N—R关系模式是由日本中央大学教授、著名技术经济学家斋藤优（Saito Yuu）提出的。在这种模式中，N表示社会需要（need），包括各个领域、各个方面、各种层次的需求；R表示社会的各种资源（resources），包括人才、资源、设备、信息等。这种模式认为：N—R关系所表示的需要与资源之间的矛盾和差距是引起技术创新的社会动力，是技术创新得以启动的前提条件。具体来说，当社会提出某种技术要求或产品需求，而且现有的社会资源又不能完全满足这种需要时，就会产生需要和资源之间不相适应的“瓶颈”现象。这种由N—R关系所产生的瓶颈约束，将极大地刺激和推动技术创新活动的发生和演变。

4. 技术范式—技术轨道模式

英国经济学家多西（G. Dosi）以技术范式的概念为核心提出了技术范式—技术轨道模式[8]。多西借用了科学哲学家库恩的科学范式概念和纳尔逊（R. Nelson）与温特（S. Winter）的自然轨道概念，提出了技术范式—技术轨道的概念分析框架，并以此说明技术创新的动力机制以及宏观结构层次。一旦技术创新成功，需要和资源之间的瓶颈就会消失，经济社会便得以不断发展。

多西分析了技术变迁与产业转型之间的关系。根据多西的定义，技术范式是以自然科学（natural science）和实用技术（material technologies）为基础，就一定技术问题进行解决方案探索的模式；而技术轨道则是“在一个技术范式内的前进方向”，“是在由范式自身性质决定的边界内可能的技术方向的集群”，是技术范式规定范围内的技术变量之间“多维权衡”（multi - dimensional trade - off）的进展。也就是说，技术范式规定技术发展的总体方向，而技术轨道则在这个总体方向内决定技术发展的具体方向，即技术的“非持续的变化与新范式的出现相联系”，而技术的持续变化“经常与沿着技术范式规定的技术轨道的方向前进相关”。

多西认为，在企业具体的技术创新活动中，就技术创新的动力或条件而言，无论是企业内部生产要素的组合，还是企业所需创新资源的供给和配置，都是通过计划、立项和指标分配完成的。由此可见，这种模式强调了根据国家经济发展计划制订的指令性和指导性创新计划，以及与之相适应、相伴随的行政手段与组织措施是技术创新的主要动力因素。这一模式指出：由技术范式与相应的经济社会条件的互动作用所提供的限制性动力，虽然受到创新经济条件的聚焦、选择和刺激，但是也受制于技术范式对这种经济刺激的技术限定。

以上几种技术创新的动力模式为我们研究技术创新提供了多维的视角，其中的线性模式与本书研究的原始创新关系最为密切。线性模式揭示了基础研究与应用型基础研究领域的原始创新是技术创新的源泉。然而，作为技术创新源头的原始创新的动力又是什么呢？这一问题在上述模式中并无清晰的反映。正如西方科学哲学家的研究表明，科学创新涉及科学家的智力环境、创新主体的个人特质等社会心理因素，因而只有借助于科学心理学与科学社会学才能对它做出合理的解释。西方技术创新的动力模式则为我们寻找原始创新的外部社会动力提供了相关线索。

3.2　原始创新的内部动力

科学技术的产生和发展有自身的规律性。科学技术自身的矛盾运动、社会诸因素与科学技术的相互作用共同推动科技的发展。科学技术的内部和外部矛盾运动构成了科学技术发展的内外动力和原因[9]。原始创新的动力主要来源于科学技术的内部矛盾与外部矛盾，这里首先考察其内部动力的构成要素及特征。

原始创新的内部动力是指科学家在利用创新资源实现创新目标的过程中，由科学技术的内部矛盾或科学规范所产生的外部矛盾推动其原始创新的力量。具体来讲，原始创新内部动力来源于以下五个方面。

3.2.1　科学发展的内部矛盾

科学发展的内部矛盾主要包括科学实践与科学理论的矛盾、科学理论内部的矛盾以及不同科学理论、观点和学派的矛盾等。其中，科学实践与科学理论的矛盾是科学发展的基本矛盾，它制约和影响着其他各种矛盾的运动和发展[10]。

1. 科学实践与科学理论的矛盾

科学实践与科学理论是科学发展的一对内部矛盾。科学实践是科学研究者利用科学工具作用于科学对象，获取科学信息，形成科学知识的能动性和创造性活动。科学理论则是在科学实践的基础上，运用抽象思维获得的系统化知识体系。后者是在前者基础上进行思维活动的结果，前者则是在后者指导下的实践活动。科学实践与科学理论的矛盾运动，是推动科学创新的内在动力，是科学发展规律的重要表现。

科学实践与科学理论的矛盾贯穿科学发展历史和科学认识活动过程中，并对其他的矛盾运动起制约和影响作用。其中，科学实践是科学理论的直接基础，科学实践为科学理论提供必要的经验材料和检验标准；而科学理论对科学实践具有指导作用，科学理论的解释功能与预见功能是对科学实践指导作用的具体体现。

2. 科学理论内部的矛盾

科学理论内部的矛盾主要表现在理论结构中的逻辑矛盾。一般来说，科学理论的逻辑自洽性要求尽可能地排除理论内部的逻辑矛盾，但是受客观世界的复杂性与人类认识的局限性影响，在科学创新的过程中，理论内部的逻辑矛盾有时不易被完全消除，或者矛盾隐藏较深而不易被发现。如果能够发现和克服理论内部的逻辑矛盾，那么往往会导致科学原始创新的出现。

科学理论内部的逻辑矛盾有多种，具体表现有：理论内部不同知识单元或不同组成部分之间的不一致性，理论表述和逻辑展开过程中的不严密性，理论形式上的不对称性，理论构成上的不完备性或不充分性等。前两种情况往往以“悖论”和“佯谬”的形式出现，这需要凭借逻辑证明或发展新理论加以解决；后两种情况由科学理论的不完善引起，需要通过修改、调整或扩展科学理论加以解决。随着科学理论内部矛盾的解决，科学研究得到深化发展。例如在数学发展史中，曾出现三次大危机，而且每次危机的出现都与悖论分不开[11]。第一次数学危机是古希腊时期的毕达哥拉斯悖论，它彻底动摇了毕达哥拉斯学派提出的“数即万物”的世界观，并由此引发了第一次数学基础危机。正是这一悖论的发现，导致了无理数的引入，从而使数的概念发生了深刻的变革。第二次数学危机是无穷小量悖论（又称“贝克莱悖论”），最后由于数学家柯西等建立了极限理论，使无穷小量在极限概念的基础上有了严格的定义才最终得以解决。解决这一悖论的结果是在数学上建立了完整的实数理论。第三次数学危机是罗素悖论，这一悖论不仅触及了整个集合论的最根本概念——集合，而且触及了逻辑推理本身的问题，因而引起了西方数学家和逻辑学家的极大震惊。解决这一悖论的结果是产生了一系列集合论分支理论，如罗素的分支类型论与策墨罗的公理化集合论等。公理化集合论系统研究的成果又导致了数理逻辑等新学科的诞生，从而使数学在更加严密的基础上得到迅猛发展。由科学理论的内部矛盾导致科学原创的事例在科学史中常有出现。

3. 不同科学理论、观点和学派的矛盾

在科学研究中，围绕同一问题、同一研究对象经常会出现许多不同的观点和假说，并按照不同的观点、方法、理论形成不同的学派。不同理论、观点和学派的矛盾与争论也是推动科学发展的内在动力。

开展不同学术见解之间的自由争论是促进科学理论发展的一条重要途径。科学史表明，科学上的许多重大原创，都是经过几年甚至几十年的反复争论，才使正确的观点逐步完善起来，并通过实践的证实，最后得到学术界的公认，把该学科推向一个新的阶段。一项重大的科学原创往往不能立即得到学术界的重视和公认，这是因为一种学说的确立和发展，其究竟是否具有真理性还需要一个反复研究、不断证实的过程；同时，就人们对这种学说的意义和作用的理解来说，也有一个逐步深化、不断发展的过程。在学术界不同意见被自由地探讨和争论，是明辨是非、取长补短、改进工作、不断前进的好方法。例如19世纪上半叶，法拉第提出了有关电磁的物理作用过程的力线假说，认为电磁作用是通过某种连续存在的、具有物理性质的特殊力线发生的，这一观点与牛顿数理学派的超距论观点发生了冲突。通过争论和交流，双方都指出了对方的弱点和不足之处。法拉第指出超距论只注意到了电磁作用的现象而忽视了电磁作用的本质，只抓住了电磁作用的数量特征而忽视了电磁作用过程中丰富的物理内容，只看到了电磁作用的点源而忽视了广阔的作用空间等。反过来，牛顿数理学派则指出了法拉第的力线理论只停留在定性的研究阶段，不符合科学发展的定量化趋势，如果只注重物理丰富性而忽视定量化和精确性要求，就难以推动电磁学走向精确科学。双方上述的批评确实都击中了对方的要害，可惜都未能认真对待对方的批评，汲取对方的优点，因而未能建立新的电磁学理论。后来，麦克斯韦立足法拉第的力线理论，同时继承了牛顿数理学派的数学分析方法，综合了法拉第和牛顿数理学派的优点，克服了双方的不足之处，最终完成了近代电磁学革命[12]。由此可见，不同学派之间的科学争论是激发科学原创的动力之一。

3.2.2 科学与技术的互动

由于技术对于科学具有相对独立性，因而也具有独特的内部矛盾运动。技术的内部矛盾主要包括技术目的与技术手段的矛盾、技术原理与技术实践的矛盾、不同技术之间的矛盾，以及技术发展中连续性和间断性的矛盾等[13]。技术的内部矛盾构成了技术进步的内在根据和直接动力。有关技术的内部矛盾已有较多研究与论述[14]，这里我们要讨论的是科学与技术的互动与循环加速对原始创新的推动作用。

我们知道，科学与技术的互动经历了一个相当长的历史时期。在人类社会发展早期，技术以经验为基础掌握在工匠手中，科学则主要以自然哲学的形式掌握在少数哲学家手中，由此形成了近代科学的工匠传统与学者传统，此时的科学与技术仍处于各行其道的分离状态。进入 19 世纪中叶后，随着工业革命和生产力的巨大进步，科学取得飞速发展。从第二次技术革命开始，科学的发展走在了技术的前面，科学引导技术发展并导致新技术产生。蒸汽机技术、内燃机技术和化工技术的产生、发展与兴起，都是科学指导技术、科学技术化的标志，而且现代科学的发展也离不开高技术手段与先进的实验仪器、设备，科学与技术之间呈现出互相促进的互动关系。我们从蒸汽机的发明过程中可以清晰地看到科学与技术之间互相促进、循环发展的关系（见图3－3）。科学研究为新技术开辟道路，新技术的兴起又向科学研究提出新课题[15]。同时，新技术所代表的生产水平和能力也为科学研究提供新的实验材料和仪器，促使更完备的理论和实验成果诞生。这些科学成果反过来又促进新技术的开发，新的实验产品和仪器也不断地社会化，成为技术产品和工具。如此循环反复、相互促进，从而形成了强大的加速发展机制，促进了科技原始创新的不断发展。

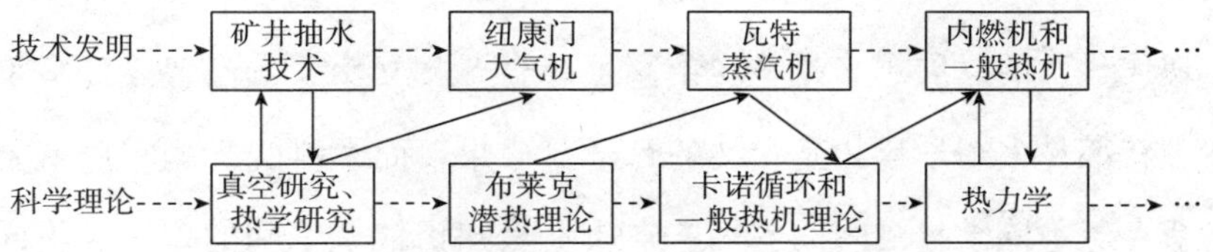

图3－3　科学与技术的互动与循环加速

资料来源：刘青峰．让科学的光芒照亮自己［M］．北京：新星出版社，2006：40.

3.2.3　科学精神的孕育

现代科学精神的孕育是产生科学原创的内在动力之一。科学精神是人们在科学活动中具备的意识和态度，是科学工作者应有的意志、信念、气质、品质、责任感、使命感的总和。它建立在科学思想和科学观的基础之上，是对科学的产生和发展规律及其对科学活动主体要求的一种理性升华，是促进科学活动的精神动力[16]。学术界对科学精神内涵的理解虽有不同意见，但总体来说，以下五个方面是其共同认可的：一是探索求知的理性精神，这是科学所以可能的思想基础；二是实验验证的求实精神，这是科学成为科学的实践基础；三是批判怀疑的进取精神，这是科学得以发展的创新基础；四是自由竞争、允许失败的宽容精神，这是科学自由发展的民主基础；五是互相合作的协作精神，这是科学得以传承的重要条件。从科学精神的内涵中我们可以发现，科学精神是科学家从事科学原始创新活动的内在精神动力。只有具备探索求知的理性精神，才能在科学原创中保持饱满的热情与创造冲动；只有具备求真务实的精神，才能使原创思想从潜在变为现实，从假说上升为理论；只有具备批判怀疑的进取精神，才能摆脱旧思想的束缚，实现科学范式的转变；只有具备科学的宽容精神，才能鼓励科学家开拓进取、不断创新，使科学原创成为科学家共同追求的目标；只有具备互相合作的协作精神，才能在现代科学探求中相互激励、取长补短，实现科技资源的优化与整合。

3.2.4 学科交叉的碰撞

现代科学的发展越来越呈现出高度综合、相互交叉的趋势。许多重大科技创新都是多个学科相互交叉的跨学科成果，而学科交叉的实质就是产生创新点。不同学科之间的差别，本质上是知识体系之间的差别；不同学科知识体系的诞生和发展，必然有其固有的特征和基础，或者说有某个知识体系特有的基本理论和基本思想。如果这样的理论和思想在某个学科之内一味地成长，就会使该学科的成长缺乏养料。如果把学科的发展比喻为树的成长，把学科与学科之间的界限比喻为树的生长空间，那么当树的生长空间被局限在有限的边界内时，树枝就会得不到伸展，外部的营养成分就不能被充分吸收，这样就会阻碍“学科树”的成长和壮大。因此，简单地把不同学科局限在某一知识体系，就会抑制学科的成长与发展。学科交叉的实质是知识体系的渗透和融合，在客观上促进了新学科的形成，开辟了新的研究方向。例如，信息科学与大量其他学科的结合促进了通信科学、地球科学、海洋科学的长足发展；生物大分子 DNA 双螺旋结构的发现，也是晶体物理、化学、信息学和分子生物学交叉的产物。

学科交叉作为原始创新的内部动力，还表现在科学合作研究中。一方面，随着科学知识的积累与科学专业的分化，科学家往往只能在某个学科、某个领域甚至某个方向具有专业化知识，现代科学很难出现像亚里士多德、达·芬奇一样的百科全书式的科学家。另一方面，现代科学的发展出现高度融合的现象，尤其在科学原始创新领域更需要科学团体的合作研究，需要利用各个学科的专业优势实现整体效应。例如，海森伯与数学家约尔丹合作创立了量子力学的矩阵形式，爱因斯坦与数学家黎曼合作创立了广义相对论等，都是科技史上不同领域科学家合作的典范。

3.2.5　潜科学的理论探索

潜科学就是指潜在形态的科学。实际上，任何的科学发现都有一段潜在过程或孕育时期，处于这一过程或时期的科学，可以被称为“潜科学”。它有两个含义。第一，从科学认识过程来看，它指的是“孕育中的科学思想”。任何一个科学成果都有一个由“潜”到“显”的过程，即有一个孕育的阶段，我们就把孕育中的科学思想（或科学胚胎）称为“潜科学”。第二，从科学发展曲折性来看，它指的是“处于待显阶段的科学成果”。当取得一个科学成果后，并不是立刻能被人们承认，常常由于种种原因而被忽视、排斥、压制、埋没、否定、扼杀，有一个“蒙难”的历程。我们就把虽然认识上已达到“显”阶段，但并没有被人们确认，仍处于“潜”状态的科学成果，也称为“潜科学”[17]。

潜科学是科学的潜在状态与孕育过程，是一切常规科学研究的基础。潜科学研究对原始创新的孕育具有积极意义。

一是促进科学原创思想的产生。潜科学研究的目的与宗旨是扶植科学新思想的产生，促进新学科的成长。科学原创思想总是从原有理论体系这一母体中孕育出来，原创思想不是没有基础的凭空想象与猜测。一般而言，科学原创思想来源于发现原有理论体系中存在的矛盾或问题，或者某种科学新现象。例如，爱因斯坦提出狭义相对论属于前者，伦琴发现 X 射线则属于后者。相对于成熟的旧有理论体系而言，科学原创思想的产生充满下意识的灵感、直觉的猜测、模糊的语言和粗糙的模型，具有不严格性、模糊性和不确定性。虽然这些天然的缺陷常常是原有理论体系所反对的，但是从潜科学的角度看，这些正是科学发展的生命力所在。其中的“不严格性”往往是科学探索中出奇制胜的桥梁；“模糊性”常常充当把握科学的广度和深度的助手；“不确定性”偏偏有助于编织思维的经纬，有利于进行自由想象，突破传统观念[18]。因此，通过发展潜科学研究，了解科学原创思想可能的缺陷及其发展的美好前景，为科学原创思想的孕育、发展、成熟提供必要的理论支持。如同新生的婴儿，科学原创思想在其孕育期是极其脆弱的，如果没有精心的呵护与必要的营养，科学原创之花可能凋谢于摇篮之中。潜科学研究本身就是探索原创思想的过程及其规律，因而它可以发挥孕育、保护原创思想的作用。潜科学研究通过冲破旧有的思维模式，转移传统科学的观察视线，优选新的理论支撑点，寻找解决问题的新途径等方法，促进科学原创思想的形成。

二是为科研提供丰富的科学想象。科学研究是一个从潜科学向显科学发展的过程。潜科学理论研究，为我们提供了一种科学发生的机制和科学发展的新模式，回答了“科学从何而来”和“科学如何发展”等问题。创新也是一个从潜在状态向明朗状态发展的动态过程。心理学家沃勒斯将创造过程分为四个阶段：准备期、孕育期、豁朗期、验证期。其中，前两个阶段都属于创造的潜在状态，尚未形成比较明确可靠的创新方案。在这一潜在状态中，由于科学理论或技术概念尚处于襁褓阶段，各种可能性汇聚一体，激发了大量的科学与技术的假想、幻想与猜测，例如最著名的达·芬奇尚未发表的手稿。文艺复兴时期的科学尚处于起步阶段，受社会发展的限制，达·芬奇天才的科学想象只能隐藏于手稿之中。在他的手稿里有各种奇异的机械，如飞行机器、降落伞、装甲坦克、巨弩、战船、蒸汽机等。他还提供了计划建造的桨轮船、潜水服、用弹簧做动力的四轮马车等。这些机器蓝图向我们展示了一位伟大天才的科学想象力，虽然其中只有极少数影响了后世科技的发展，但确实反映了潜科学状态下科技创新的可能范围。“他的技术成就，有时被曲解，但它们的真正价值的确值得我们赞美——这种价值并不体现在它们可作新机器的蓝图，或为未来技术发展的轮廓做了一个精确预计，而体现在这种尝试性的设计方案中固有的丰富想象力和原始创新。”[19]

3.3　原始创新的外部动力

原始创新的外部动力是指在原始创新主体所处的社会经济环境中，促使其内部动力形成和增强并影响其内部动力作用发挥的外部力量。原始创新的外部动力主要包括科学奖励制度、社会需求推力、政府政策推力和科学中心的示范效应等方面。原始创新的外部动力与内部动力相互联系、相互作用，共同推动原始创新活动的发展。

3.3.1　科学奖励制度

科学奖励制度是指在科学运行中发展的一套奖励制度，其目的是在制度层次上对科学的独创性加以保证，以此证明一个人已经成为一名成功的科学家。奖励是按照成就大小给予的，科学是一项复杂和专业化的活动，局外人很难掌握科学发现的具体内容。所以，科学家贡献的大小在“相当程度上取决于他那个领域的科学界同人对他的评价”[20]。科学奖励制度最常见的形式是对科学家原创成果优先权的承认。

科学发现的优先权问题是由著名的科学社会学家默顿提出的。他基于功能主义社会学向科学共同体提出了一系列体制性的规范要求，这些规范要求鲜明地体现了科学家对独创性的崇尚和追求。通过对科学发现优先权的研究，默顿发现优先权之争的实质是同行的“承认”之争，是一个科学奖励的问题。

对科学发现优先权的追求是科学家从事原始创新活动的动力之一。虽然科学家对物质利益的追求缺乏热情，但对科学发现的优先权却表现出异乎寻常的热情。例如，科学奖励中最为著名的诺贝尔科学奖对众多科学家来说是梦寐以求的财富，它体现了科学共同体对科学家原创成果的重视程度。

在科学运行过程中，被同行承认是最主要的激励因素。科学奖励制度对个人、授予机构以及整个科学共同体都发挥着重要的作用。科学家通过奖励增加了知名度，授予机构通过承认当代科学中的重大发现增加了声望和知名度。科学奖励系统对科学分层体系中不同地位的科学家具有不同的刺激作用，鼓励具有创造力的科学家多产，把创造力较低的科学家的注意力集中到重要问题上，调整到与整个科学共同体运行相适应的轨道上。科学奖励制度还可以优化科学资源的配置，将其转化为改善和扩大研究条件的财富，使科学成果以各种途径在科学共同体内传播和发散，促进了科学交流。总的来说，科学奖励制度客观上推动了科学家进行科学原创的热情，促进了科学原创的出现。

3.3.2 社会需求推力

历史唯物主义从社会大系统的角度考察科学的发展，强调社会的经济需要是科学发展的主要动力。社会存在决定社会意识，自然科学作为社会意识形态之一，它的发展自然受到社会经济发展的推动。人类社会的需要纷繁复杂，就人类社会的主体而言，可以把社会需要分为人类的生存需要和发展需要；就人类的社会活动而言，可以把社会需要分为生产需要、生活需要、交往需要、政治需要和军事需要等[21]。从这个意义上说，我们可以把社会需要解释为激励和驱动原始创新的外部动力。科技创新在很多情况下是对社会需求的响应。正如恩格斯所说："社会上一旦有了技术上的需要，则这种需要就会比十所大学更能把科学推向前进。"[22]

对于社会需求对原始创新的动力作用，我们有必要区分"起源"和"动力"两个不同的概念。社会需求对原始创新既有推动作用，也可能是创新事件的起源。但是在更多情况下，这种动力作用表现为对已经开始的创新事件的推动作用和对诸多创新事项的选择作用。英国学者约翰·齐曼(John Ziman)用生物进化的比喻提出技术创新进化论观点，社会需求的动力作用也类似于生物进化中环境选择的作用。环境选择并不是生物进化的起源，而是起源于基因的变化，环境选择只是把那些更有利于生物适应环境的基因变化保存下来，长久积累，从而使生物得以进化。社会需求对原始创新的动力作用主要表现为应用基础研究的突破所导致的原始创新，著名生物学家巴斯德因研究牛奶发酵问题、消毒问题导致微生物学的创立就是一个典型范例。

当前，我国经济社会发展、民生改善、国防建设等方面面临许多需要解决的现实问题。例如，工业方面一些关键核心技术受制于人，部分关键元器件、零部件、原材料依赖进口，特别在计算机芯片制造、精密仪器、先进医疗器械设备等方面面临“卡脖子”困境。这些现实问题所带来的迫切的创新需求，将为今后一段时期我国科技原始创新的加速发展起到重要指向作用。

3.3.3　政府政策推力

随着科学发展规模的日益扩大，科学已经从“小科学”向“大科学”转变。国家作为科学创新体制的重要一环，发挥着越来越大的作用。纵观人类发展的历史，科学中心在英国、法国、德国、美国之间转移。这种追赶、跨越和转移的原因，一是以科技创新推动技术进步，二是制度、组织、机制形成创新环境功能的作用，是一种国家创新体系演变的结果。国家创新体系是指在一个国家范围内由相关机构和人员形成知识流动和创新的社会网络系统。政府在国家创新体系中居于重要地位，它的基本功能之一就是促进科技创新的发展。政府政策对原始创新的推动作用主要表现在以下三个方面。

1. 国家在确定科研方向、选择核心科技发展方面起着定向作用

国家通过制定科技发展战略确定科技发展方向，优先选择发展与本国

经济和社会发展最为密切的科学技术。科技发展战略的制定为科学研究指明发展的方向，将各种创新资源（包括科研设备、资金、技术与人才）集中流向某些具体的科研部门，从而加快了科学原创发展的步伐。我国著名的“两弹一星”工程和“863”计划，都是国家促进科学原创作用的集中体现。在新中国发展历程中，20 世纪五六十年代是极不寻常的时期，当时面对严峻的国际形势，为了抵御西方大国的武力威胁和打破核讹诈、核垄断，尽快增强我国的国防实力，保卫和平，我国政府决定研制“两弹一星”，重点突破国防尖端技术。研制“两弹一星”是我国国防建设和国民经济建设的紧迫任务，而且通过这些任务的完成使我国积累了大量宝贵的科学技术资料，极大地丰富了相关学科的研究内容，为各门科学的发展开拓了广阔的领域。经过几代人的不懈努力，现在我国已成为少数独立掌握核技术和空间技术的国家之一，并在某些关键技术领域居于世界前列。“863”计划使我国的高技术研究与发展进入了一个新阶段，是中国第一个关于高技术研究与发展的计划。该计划纲要坚持“有限目标，突出重点”的方针，选择了生物技术、航天技术、信息技术、激光技术、自动化技术、能源技术和新材料 7 个高技术领域作为我国高技术研究与发展的重点（1996 年增加了海洋技术领域）。从 1986 年到 1996 年的 10 年间，通过实施“863”计划我国已新建立 8 个研究发展中心：计算机集成制造系统实验工程中心、智能计算机系统研究开发中心、机器人研究开发中心、光电子工艺中心、基因工程疫苗中心、基因工程药物中心、基因工程生物制品中心、新储能材料工程开发中心。同时，在生物、航天、信息、激光、自动化、能源和新材料等领域攻克了一批重大关键技术，取得了一批具有国际水平的原始创新成果，有力地推进了我国原始创新的发展。

党的十八大以来，以习近平同志为核心的党中央高度重视科技创新工作，重视原始创新对于建设科技强国，实现中华民族伟大复兴的中国梦的巨大推动作用。2020 年 9 月 11 日，习近平总书记参加了在北京召开的科学家座谈会并发表了重要讲话。他指出："对于在激烈的国际竞争面前，在单边主义、保护主义上升的大背景下，我们必须走出适合国情的创新路子，特别是要把原始创新能力提升摆在更加突出的位置，努力实现更多'从 0 到 1'的突破。"这种来自国家层面对于科技原始创新的强调与重视，将极大加快我国相关核心技术的研发进度，推动我国科技原始创新的快速发展。

2. 国家专利制度推动自主知识产权技术的研发

国家专利制度是指利用法律及经济手段管理发明创造成果、推动技术进步和经济发展的制度，它是一种对发明创造进行产权界定的法律制度，即依法赋予发明创造者或其合法受让者专利权。专利权是人们对其发明创造所享有的排他独占权，包括制造、使用、销售和进口权。专利制度的特点主要有：第一，从专利本身来讲是鼓励发明创造，保护发明创造的专利权，公开专利信息，促进技术交流；第二，专利是集技术、法律、经济"三位一体"的知识产权保护方式，它以技术上的创新为基础，在法律保护下，以独占市场为主要特征，以谋求发明创造获得最大经济利益为目标的国家认可的通用手段；第三，授予专利的基本条件是新颖性、创造性和实用性，新颖性强调创新，创造性强调研究开发水平，实用性则是强调商业化应用、取得效益。从专利制度的特点中我们可以发现，专利制度强调创新、创造力和商业化，这与原始技术创新的特点有相通之处，它们在内涵、目的等方面具有一定的相似性和互动性。专利制度通过有效保护创新者的利益来激励原始性技术创新的发展。

专利制度对原始创新的激励作用源于专利的垄断性。一项原始创新技术获得专利权后，可以使专利权人在一定时期内拥有对制造、使用、销售和进口等方面的经营垄断权。专利制度通过法律赋予发明创造独占的权力，确立了发明人与专利所有人对发明创造的所有权与独占权。发明人通过专利的实施可以获得一定的经济回报，保障了发明人与专利所有人的利益，调动了科技人员开展发明创造的积极性，有利于科研经费的回收与再投入。

3. 政府在市场失灵时对科技发展的调节

一般来说，创新行为离不开有效的市场需求和市场竞争机制的驱动，但在需求小于供给的短缺经济条件下，市场需求很难对创新行为产生有效的或强烈的刺激和驱动作用，这种状况通常被称作“市场失灵”。市场机制在很多领域存在市场失灵的现象，因此需要国家运用宏观调控手段对其加以调节。国家对科技进行调节的主要领域有：以高新技术为基础的资本投资规模，或研究与开发投资规模较大或技术创新风险高的领域；有关国计民生的重要产业部门，诸如能源、交通和通信之类的投资领域；基础研究领域；类似于农业这样分散的单位和部门的领域（由于没有或缺乏从事研究与开发以及相关活动所需的资金和技术，市场机制明显不能在这些领域中单独生成经济和社会所需要或所希望的技术创新行动）；像卫生这样的服务领域或公关消费品领域（由于其供给方面的非竞争性和不可排斥性，使得这些领域存在技术创新的必要性）；等等。市场机制显然不能对此提供适度的动力支持和资源配置，而且在国防科研领域的技术创新活动中，市场机制显然也不会把较多的资源配置到其技术创新所需的研究与开发上。

从技术创新模式的发展变化中我们可以发现，正是由于市场推动在上述领域中的缺乏或失灵，才导致政府政策作为另一种技术创新推力的形式出现。政府政策作为推动原始创新的外部动力形式，体现为一种宏观上制度化的社会动力模式。相对于市场的推动力而言，政府政策推力对原始创新的牵引和促进更具有先导性、强制性和权威性，这是政府政策推力的重要特征。

3.3.4 科学中心的示范效应

原始创新的显著功能在于，能提高一个国家的自主创新能力和核心竞争力。当一个国家具有较强的原始创新能力的时候，就能够更好地适应和控制经济的和社会的环境，更顺利地达到自己的既定发展目标，进而更快地实现自身的社会化和社会整合。因此，相对于其他国家来说，它就形成了类似中心的科技、经济、社会和文化地位，具有了其他国家所不具备的科技、经济、社会和文化的优势，就必然呈现出向外扩散的趋势，实际上也就是形成了示范效应，即形成了推动其他处于科学创新边缘国家进行科技创新的社会动力。

处于科学中心地位的国家在优势累积到一定程度时，就会显现出向外发散的趋势。科学中心通过示范效应，推动处于创新边缘国家的原始创新。具体来说，这一示范效应主要表现在两个方面。

1. 科学中心的文化示范

科学的发展总是植根于一定的文化土壤之中，科学兴起的前兆往往表现为文化的兴盛。在科学史上，科学中心的转移一般从文化的繁荣上就可以初见端倪。据国内学者统计，在 1300—1550 年文艺复兴期间，意大利的著名文学家和艺术家有 22 人，占当时全世界的 44%，是无可争议的文化中心。文艺复兴后期（1550—1650）的英国，著名文学家和艺术家有 7 人；启蒙运动时期的法国，著名文学家和艺术家有 8 人；产业革命时期的德国，著名文学家和艺术家有 8 人，在著名文学家和艺术家人数方面均处于世界前列。这些地区可以说是当时世界文学艺术的中心[23]。其中，分别以意大利的达·芬奇、英国的莎士比亚、法国的伏尔泰、德国的歌德以及美国的马克·吐温为最杰出的代表。文化艺术的繁荣为科学发展注入了文化活力，奠定了思想基础。这种文化的繁荣对处于科学创新边缘的国家与地区具有极强的示范效应。

2. 科技强国的激励作用

借助科学技术上的优势地位，处于科学中心的国家一般在经济、政治等方面都处于强势地位。国家的繁荣强盛是历史上每一个国家的追求与梦想。处于科学中心的国家在科技领域的领先地位自然地形成了向心力，吸引科技落后的国家或地区的模仿与追赶。历史上每个科学中心形成后，其周边国家或处于科技发展边缘地带的国家都会通过派遣留学生或技术引进等方式学习其先进的科技知识。例如，从1880年开始，德国先进的教育体制与研究手段便成为世界各国科学家关注的焦点，德国作为世界科学技术的中心吸引了大批外国留学生涌向德国，日本的大多数科学家就是在这个时期留学德国的。这些处于科技创新边缘的国家在模仿、消化、吸收的基础上发展本国的科学技术，不断赶超先进国家。正是在科技强国的刺激与激励作用下，才使科技落后的国家积累科学知识，为原始创新奠定了基础。第二次世界大战后，日本的许多技术性原始创新都是通过引进美国的先进科学技术进行的。

本章参考文献

[1]赖欣巴哈. 科学哲学的兴起[M]. 伯尼,译. 北京:商务印书馆,1983.

[2]莫兰. 复杂思想:自觉的科学[M]. 陈一壮,译. 北京:北京大学出版社,2001.

[3]玻姆. 论创造力[M]. 洪定国,译. 上海:上海科学技术出版社,2001.

[4]Toulmin S. Rationality and Scientific Discovery [M]. Boston tudies in the Philosophg of Science,1974:390.

[5][6]邱仁宗. 成功之路:科学发现的模式[M]. 北京:人民出版社,1987.

[7]司托克顿. 基础科学与技术创新:巴斯德象限[M]. 周春彦,谷春立,译. 北京:科学出版社,1999.

[8]DOSI G. Technological paradigms and technological trajectories[J]. Research Policy,1982(11):152.

[9][10][12][13][14]栾玉广. 自然辩证法原理[M]. 合肥:中国科学技术大学出版社,2002.

[11]谢星海,张景生. 悖论与自然科学发展[J]. 自然辩证法研究,1998(12):7.

[15]刘青峰. 让科学的光芒照亮自己[M]. 北京:新星出版社,2006.

[16]彭富国. 理性和非功利性:科学、科学精神的实质内涵[J]. 求索,2003(3):141.

[17][18]解恩泽. 潜科学导论[M]. 北京:光明日报出版社,1987.

[19]巴萨拉. 技术发展简史[M]. 周光发,译. 上海:复旦大学出版社,2000.

[20]默顿. 科学社会学:理论与经验研究[M]. 鲁旭东,林聚任,译. 北京:商务印书馆,2003.

[21]陈功玉. 现代企业创新行为的外部因素及其动力机制分析[J]. 自然辩证法研究,1998(8):40.

[22]马克思恩格斯全集:第 4 卷[M]. 北京:人民出版社,1972.

[23]魏屹东,郭贵春. 科学中心转移现象的社会文化语境分析[J]. 科学技术与辩证法,2001(6):53.

第4章　原始创新的社会环境

任何形式的创新都离不开一定的社会、文化与制度，可以说，社会、文化与制度的环境构成了创新孕育和发展的基础及背景。原始创新代表着一国科技发展的核心能力与竞争力。原始创新需要什么样的社会环境，以及如何通过改善社会环境促进我国科技的原始创新，都是非常迫切地需要回答的理论与现实问题。一般而言，原始创新的环境可分为创新的物质环境、制度环境、文化环境与组织环境。其中，组织环境属于原始创新的内环境，是指科学家组织，即科学共同体的内在结构与激励制度等；而物质环境、制度环境与文化环境均属于原始创新的外环境，主要指宏观的社会环境，包括科研设备与投入、科研管理体制、创新文化环境等几个方面。

4.1　原始创新的物质环境

物质环境主要指以物质形态存在的影响原始创新的因素，如科学仪器、设备、科研经费分配、科研资料储备等。物质环境是孕育原创的物质基础与促进因素。先进的科研设备、充足的科研经费、及时的科技信息是原始创新发展的基础条件。“巧妇难为无米之炊”，缺乏基础的物质环境保障，往往会使科学家与原创失之交臂。原创成果中有很多来自设备先进、经费充足的世界一流科研机构，如贝尔实验室、卡文迪什实验室等。

4.1.1　科学仪器与设备

科学仪器与设备是从事科学研究的基础硬件，既是人类探索自然、认识世界的重要工具，也是促进各项社会事业，如环境保护、食品安全、医疗卫生等发展的重要保障。现代科学的发展，尤其是原始创新的孕育离不开先进的科研设备，而且科学仪器设备和技术手段是科学研究的能力与水平的一个重要标志。现代科学技术的进步越来越依靠精密的仪器，如高倍显微镜、射电望远镜、质谱仪、X 光衍射仪、回旋加速器等。现代天体物理学的发展离不开射电望远镜的不断改进。“人类对客观世界的认识，从人的视野向微观和宇观两个方向扩展，目前已小到夸克和大到约 140 亿光年的范围。这个认知是通过观测仪器放大和缩小的倍率随年代逐步增大而取得的，加速器的能级随年代增长表明，人类改造自然的手段的发展过程实际上就是仪器设备人文化深化的过程。”[1]

在科学仪器与设备方面，我国与国外相比仍有较大差距。国内高速增长的科研需求、环境与食品安全监测需求，以及国产仪器技术水平落后的现状，导致我国成为国际仪器仪表产品的最大进口国，甚至一些高端仪器设备完全依赖进口。为了摆脱我国高端仪器设备对外依存度高，核心技术受制于人，国内企业高端产品供给不足、质量不过硬等困境，我国逐渐提高科研经费投入，高校和研究机构采购了大量国外先进的仪器、设备。在通用仪器设备方面，我国与国外水平基本相当，如计算机、显微镜和望远镜等；在专用仪器设备方面，我国的精密和大型专用仪器、设备水平与国外相比尚有较大差距甚至受制于人，如超高频、超高精度、超高分辨率的仪器，芯片光刻技术和设备等。这种差距的存在将极大地削弱我国科学家在相关科技领域的原创能力。

与科研设备相关的是使用与设计专用仪器和设备的能力，这也是我国科学研发中的薄弱环节。美国创新源研究专家冯·希普尔（Eric von Hippel）的成果显示，专用仪器的创新源主要是用户创新，其关键在于研究者或使用者自身的创新能力。例如，在像贝尔实验室和卡文迪什实验室这样一流的研究机构，它们的仪器、设备除去通用的之外，几乎都是自己研制或定制的，因而能独辟蹊径得到很多重大的科学发现和技术发明，成为多次获得诺贝尔奖的科研机构。真正了解该用什么样的仪器、设备进行研究的是研究者自己，这些科研仪器与设备大多数是买不到的，“自己去做”便成为他们的治学准则。因此，强化专用仪器设备的设计与制造能力是推进我国科技原始创新的重要一环。

4.1.2 科研经费

科研经费是原始创新的重要经济基础与保障，充足的科研经费能有效促进原始创新的孕育与发展。原始创新的高度不确定性与风险性的特点可能加重原创主体从事原始创新的不稳定性。因此，必须加强对原始创新科研经费的投入，确保原创主体的经济利益和生活需要，即为原始创新活动注入经济的“强心针”。科研经费的投入一般涉及经费来源与经费分配两个方面。

1. 经费来源

我国科研经费的来源比较单一，科研基金项目资助来源的主要渠道分为政府基金和非政府基金。政府基金包括国家基金、各部委设立的行业基础研究基金、地方基金，其中主要以国家政府基金为主，非政府基金资助所占比例极少。因此，国家基金和地方基金是我国科学研究经费的重要来源。

我国于 1986 年初成立了国家自然科学基金委员会，其主要职责就是对国家自然科学基金项目进行组织、实施以及管理，根据我国科学技术现状以及发展方向，结合国家发展需求以及相关规划，坚持支持基础研究和应用基础研究，其在国家创新体系中的战略定位为“支持基础研究，坚持自由探索，发挥导向作用”。中央财政拨款是国家自然科学基金委员会的主要资金来源，同时鼓励其他个人以及组织进行捐助。据统计，2018 年自然科学基金委共受理 2391 个依托单位的约 22. 53 万项申请，统筹使用财政经费约277亿元；资助1530个依托单位的各类项目约4.45万项，直接费用约260亿元，核定间接费用约47亿元，合计资助金额约307亿元[2]。

近年来，我国科技研发投入虽然取得重大进步，但与全球创新型前列国家相比仍然存在一定差距（创新型国家R&D投入一般占GDP的比重为2.5%以上）。按照国家统计局统计，我国2017年科技研究与发展（Research and Derelopment，R&D）投入为GDP的2.15%，约2600亿美元，约为美国R&D的60%。相比之下，美国科研经费来源呈现多元化倾向，其主要来自各种基金会和政府、企业的拨款，公、私立基金会很多，支持量大并主要资助基础研究。值得注意的是，美国大企业的研发费较高，而且越是产业低迷时越增加费用。从2016年中、美两国研发经费来源统计数字看，中国研发经费中来自政府的资金占20%，来自企业的资金占76%，来自国内其他方面的资金占3.3%，来自国外的资金占0.7%；美国研发经费中来自政府的资金占25.1%，来自企业的资金占62.3%，来自国内其他方面的资金占7.4%，来自国外的资金占5.2%。从这组数据中可以看出，美国研发资金的来源更为多元化和均衡，形成了以企业为主体、政府发挥引导作用、国内其他来源和国外资金有效补充的局面。相比较而言，中国研发资金的来源则不够均衡，来自企业的资金所占份额过多，来自政府的资金所占份额偏少，慈善基金、信托基金以及个人捐款较为缺乏。

2. 经费分配

我国科研在经费分配上主要存在两个问题：一是科技研究费用中用于基础研究的比例偏低，二是许多新兴交叉学科得不到国家科研经费的支持。原始创新的主要领域是基础研究与应用基础研究，而我国科技研发费用中基础研究所占比重一直较低。以2017年为例，我国R&D经费总支出为2600亿元，与当年GDP之比为2.13%。其中，基础研究经费支出为143亿元，应用研究经费支出为273亿元，试验发展经费支出为2184亿元，三者所占比重分别为5.5%、10.5%和84%。美国基础研究占研发经费的份额一直稳定在15%以上，2016年为16.9%；2018年美国政府资金研发支持总经费投入约1177亿美元，其中基础研究经费投入289.4亿美元，占政府R&D总经费比例为24.6%，为2010年以来最高。由于基础研究是原始创新的关键领域，因此我国在基础研发投入方面仍有较大的提升空间。

在本书第3章中，我们指出学科交叉是原始创新的内部动力之一。我国科技管理体制基本按照原有的学科设置进行经费分配，这就使原始创新动力之一的交叉学科陷入不利的局面，因为交叉学科处于几个不同学科或专业领域的边缘地带，很难被原有的单学科包含。这种局面阻碍了原始创新的孕育与发展。中科院余增亮教授研究的离子束生物工程学是一种典型的交叉学科，他在申请项目经费的过程中曾多次遇到这样的窘境：离子束生物工程学科无法归于核物理学与生物学任何一个一级学科，而是属于两个学科之间的交叉地带，因此在项目申请与成果评定中历经了重重困难。我国应在科研经费分配问题上尽快设立专项交叉科学研究基金，这对于促进原始创新的发展具有重要的现实意义。目前，国家自然科学基金委员会官方网站已列出第九大学部——交叉科学部，与之前的八大学部并列。这是自2009年医学部划分成立以来，时隔11年再次成立新的科学部①。

4.2 原始创新的制度环境

科研管理体制是影响原始创新的重要外部环境因素，良好的科研管理体制能够激励原创主体从事科技原始创新。科研管理体制一般可分为评价机制、激励机制、知识产权制度等形式。

---

① 经中央编办复字〔2020〕46号文件批准，国家自然科学基金委员会于2020年11月成立交叉科学部，负责统筹国家自然科学基金交叉科学领域整体资助工作；组织拟定跨科学部领域的发展战略和资助政策；提出交叉科学优先资助方向，组织编写项目指南；负责受理、评审和管理跨学部交叉科学领域项目；负责相关领域重大国际合作研究的组织和管理；负责相关领域专家评审系统的组织与建设；承担交叉科学相关问题的咨询。

4.2.1　评价机制

科研评价机制包括科研课题、项目的立项评估与科研成果的绩效评估两个方面。

1. 科研课题、项目的立项评估

立项评估是按照公开、公平和竞争的原则，择优选择具有评估能力的评估机构，按照规范的程度和公开的标准对科研课题或者项目进行专业化咨询与评判活动。具体来说，包括立项的必要性、研究目标及实施路线的可行性，科技成果的应用或产业化前景，课题实施的人员、设备以及组织管理等条件。项目立项评估的重要性一直是管理科学研究关注的重要问题之一。立项评估不仅有定性的方法，如同行评议、权威决策、行政拍板等，更有许多定量化的评估方法，如文献计量、排序、线性规划、非线性规划、多目标决策等。同行评议、回溯分析等定性评估方法在许多特定场合的项目立项评估选择中一直有效地发挥着影响与作用[3]。我国科研课题、项目的立项评估主要采用基于“专家评估”的同行评议制度，这种制度的有效性取决于评估专家的专业程度，因此存在很大程度上的随机性和不稳定性。专家的构成以及人选等方面的选择对原始创新课题、项目的评估有重要影响，前文所提及的交叉学科的项目评估问题就与此密切相关。如何进行科学的立项评估以确保具有原始创新的科学项目能获得资金支持是一个值得关注的问题。

2. 科研成果的绩效评估

科研成果属于知识性产品，是复杂的智力劳动的结晶。原始创新成果具有高度的创新性与超前性，其成效往往需要较长时间的检验，因而表现出明显的滞后性。原创成果的滞后检验给绩效评估带来很大困难，尤其是近十年来，绩效评估呈现出的主要发展变化趋势是：对科学研究成果的量化评估成为绩效评估的主流。强调量化评估与原创成果的特点相矛盾，因此对于基础研究的绩效评估要充分考虑其特殊性，从它的长期性、积累性、结果的难以预见性等特点出发，采用与之相适应的评估方式，避免片面强调定量指标的做法，防止科研人员盲目追求论文数量、忽视研究质量，助长科学研究的浮躁风气，从而阻碍原始创新的发生。

4.2.2 激励机制

国家设立的奖励系统由国家财政提供资金，社会团体（包括科学共同体的各种组织）设立的奖励系统由国家、企业、社会其他团体和个人提供资助，其中国家奖励系统能起到激励科学家进行原始创新的作用。这种激励机制源于科学家对社会“承认”的需要。科学活动虽然是一种不允许谋取私利、追求真理的高尚事业，但科学家作为社会成员之一，物质利益原则同样要在科学活动中发生作用。科学奖励给予科学家的主要是精神权利，尽管它附带物质利益。对于科学家来说，其成果不是要换取金钱，而是要换取社会的“承认”，奖励就是给予承认。杰里·加斯顿（Jerry Gaston）认为，科学界的奖励系统体现了科学家的“好坏”与相应报酬之间的关系。对于基础研究领域的原始创新来说，由于评价标准基本是由参评人员的知识水准、精神气质和所谓“远见性”决定的，所以其评价过程容易受其他因素的影响。为了建立一个公正的、权威性强的奖励系统，应当培植和构筑科学共同体的内部文化，使科学规范内化为科学工作者的责任心，成为他们的行为准则，不能用个人信仰来度量自己所从事的科学事业。

目前，世界各国的科学奖励机制有三个类型[4]。一是层次递进型。根据行政级别分为若干层次，如国家级、省部级、市县级。各层次都设立了对应奖项，苏联、中国和东欧国家在 20 世纪七八十年代就采用了这种类型的奖励机制。二是相互独立型。各奖项之间是相互独立的，不存在层次递进关系，奖励机制总体上表现出的分层现象不是通过行政隶属关系，而是通过预先的功能定位和社会选择实现的，大多数西方发达国家都采用这一类型的奖励机制。三是混合奖。在一个国家中政府奖是层次递进型，民间奖则是相互独立型，日本和中国现在都采用这一类型的奖励机制。需要指出的是，科学有效的激励机制不是孤立的，而应该建立在合理的评估机制基础上。如果没有辅以系统科学的评估标准，就会导致激励在实施过程中的“平均主义”，最终打击了贡献较大的科研人员的积极性。评估体系是激励的基础，有了准确的评估才能有针对性地进行激励，才能使激励机制更有效。

4.2.3　知识产权制度

知识产权是指人们对通过脑力劳动创造出的智力成果依法享有的权利。知识产权制度是通过知识产权法对最新的科学技术、文学艺术的创造者或拥有者授予一定时间内的占有、使用、处分权来保护其精神权利与物质权利，以达到激发整个社会创新的目的。保护知识产权，意味着尊重知识、尊重人才、尊重创造，因此保护知识产权就是为了保护创新，特别是保护作为创新源头与核心的原始创新。2020 年 11 月 30 日，习近平总书记在主持中共中央政治局第二十五次集体学习时强调：“知识产权保护工作关系国家治理体系和治理能力现代化，关系高质量发展，关系人民生活幸福，关系国家对外开放大局，关系国家安全。全面建设社会主义现代化国家，必须从国家战略高度和进入新发展阶段要求出发，全面加强知识产权保护工作，促进建设现代化经济体系，激发全社会创新活力，推动构建新发展格局。”

一般来说，知识产权保护政策和专利制度的作用主要有以下三个方面。

1. 维护原始创新主体的合法权益

原始创新具有花费时间长、创新难度大的特点。原始创新的成果虽然是首创的，但在技术发达的今天往往很容易被同行或竞争者模仿，从而导致巨大的精神损失与物质损失。如果原创主体的利益得不到保护，其创新的积极性必然受到打击，从而不利于原创的持续发展。以计算机软件为例，开发一个大型软件需要成百上千名计算机程序员花费数年甚至数十年时间进行开发，然而开发好的软件利用现在的技术则只需要几分钟或几十分钟就可以获得一模一样的复制品。如果盗版软件横行，那么再好的软件公司也无法维持下去。由于在知识产权方面存在问题，我国计算机软件业深受盗版软件之害而一直没有得到很好的发展，同为发展中国家的印度却成为软件出口大国，这不得不让我们深刻反省，因此必须大力加强对知识产权的保护。

2. 反对知识产权垄断的需要

知识产权垄断是指知识产权的拥有者凭借其在知识上的绝对优势地位滥用知识产权，损害其他主体的正当权益、扰乱正常市场秩序的经济行为。美国微软公司就是一个典型例子。从前，一个正版 Windows 98 操作系统软件在美国、日本等发达国家的售价是 100 多美元，但在像我国这样的发展中国家，其市场的零售价竟高达 1980 元，相当于国外价格的 2 倍多。仅此一项，微软公司每年就要从中国多收入 10 多亿元人民币，这从侧面说明原始创新的重要性。因此，只有大力发展我国的软件产业，利用知识产权制度保障和保护软件开发企业的合法权益，才能建立具有自主知识产权的原始创新科学技术，从而在根本上解决知识产权垄断问题。

3. 形成尊重知识、尊重人才的社会风尚

专利制度通过有偿使用的方式转让知识的使用权，涉及经济的切身利益，这是从根本上提高全社会对知识、人才、创新的重视程度。尊重知识与人才不能停留在形式主义的口号中，而应该落到实处，知识产权制度就能够起到这种良好的效果。日本自 1958 年建立专利保护制度以来，每年的专利申请书数量一直占世界的首位，世界每年发布的 100 万份专利情报中日本的专利说明书就占了近 40%。正因为日本尊重知识与创新的观念深入人心，才使其科学技术、社会经济获得迅猛的发展。

4.3　原始创新的文化环境

文化范畴有两种含义：一种是在与自然相对应的意义上使用的，强调的是“人化”；另一种是在与政治、经济相对应的意义上使用的，强调的是社会的精神生产与消费，包括科学、艺术、道德、宗教、习俗等形式[5]。创新总是在特定文化中创造，是文化的产物；而文化是创新的环境、条件与中介。文化自身需要创新，创新本身也在造就着一种文化。

4.3.1　原始创新的文化土壤

原始创新离不开一定的文化土壤。文化作为一种知识背景与环境氛围一直参与到原始创新主体的创造活动中。从中国古代的科技创新与古希腊时期的科技创新之中，我们可以发现文化的影子无所不在。

1. 中国古代科技发展与文化

著名的科技史专家李约瑟在《中国古代科学》一书中，比较了中国与欧洲的思想差别。他说：“我很想强调说明：中国哲学本原属于有机唯物主义哲学。从每一时代的哲学家和科学思想家发表的声明都可以找到例证。中国哲学思想从不以超自然的理想主义为主，至于机械主义世界观甚至从未存在。”[6]从他的分析中我们可以看出，中国文化具有两个特点：第一，朴素的唯物主义精神，即重视经验、功利色彩较浓；第二，整体论观点，即将事物作为一个整体加以理解、解释。这种文化上的特点在客观上形成了中国古代科学的秉性，即经验主义与整体论科学观。

中国古代的科学技术具有高度技术化的倾向，而中国长期占统治地位的农业经济加深了这一趋向。这种单方面对经验技术的强调造成了中国古代的技术虽然发达，但科学理论却较为薄弱的特点。中国古代的科技成就大多集中在与社会生活密切相关的、实用性很强的农学、医学、天文学与数学（主要是代数学）四大领域。其中，中国古代的天文学记录资料最为齐全，天文仪器也达到了相当高的技术水平，但在天文学理论方面一直落后于西方。张衡的“浑天说”始终没有达到托勒密的“地心说”的科学水平。由此可见，文化的特性对科学家创新的影响是潜移默化的，作为一种认识框架、思维背景，文化的发展及其特点深深地影响了科技创新的方向。

2. *古希腊科技发展与文化*

古希腊文化与中国文化形成了鲜明的反差。古希腊文化强调理性思维与逻辑分析方法。从古希腊第一个哲学家泰勒斯（Thales）开始，古希腊哲学家就高度重视理性思维。泰勒斯的第一个哲学命题是“水是世界的本原”，这里就包含了寻求自然本原的科学思想的萌芽。数学是最为抽象的学科之一，强调抽象的逻辑思维能力，特别是几何学在古希腊得到了高度的发展。古希腊数学的独到性集中体现在毕达哥拉斯学派所创立的几何学上，这种演绎推理的几何学对哲学和科学方法的影响是很深远的，它从具有自明性的公理出发，通过演绎推理得到各种定理。这种方法的运用使古希腊人的思维能够摆脱经验的束缚，深入到事物的本质中。

古希腊哲学家在漫长的历史发展过程中创造了逻辑的形而上学。罗素（Bertrand Russell，1872—1970）在其著作《西方哲学史》中曾说：“巴门尼德在历史上之所以重要，是因为他创造了一种形而上学的论证形式，这种论证曾经以不同的形式存在于后来大多数的形而上学者的身上，迄黑格尔为止，并且包括黑格尔本人在内。人们常常说他曾创造了逻辑，但他真正创造的却是基于逻辑的形而上学。”[7] 这种逻辑的形而上学对于科学的发展极为重要，它所形成的理性思维使人们不满足于对事物表象的认知，而是深入事物的内部揭示其内在的本质，这样可能使认识主体获得规律性的认识。古希腊的文化特点形成了其在科学上重科学理论、轻技术实践，重逻辑推理、轻直观猜测的特点。这种偏向理性思维的文化既使希腊文明达到了古代科学发展的顶峰，也使其尝到科学理论与社会经济发展相脱节的苦果。

3. 文化传统与科学中心的转移

日本科学史家汤浅光朝提出了科学中心转移的观点。他认为，世界科学中心大约以 80 年为一个周期，从一个国家或地区向另一个国家或地区转移。到目前为止，历史上出现了 4 次科学中心的转移，分别在意大利、英国、法国、德国、美国之间传递。虽然从表面上看只是地理位置的更替，但实质上是各国之间文化观念新旧、创新能力强弱转型的结果，而文化在其中起到了推波助澜的作用。

文艺复兴时期的意大利继承了古希腊的优良文化传统，使古希腊的科学传统得到了恢复和发扬。文艺复兴实际上是一场声势浩大的文化运动，在提倡人性、提倡个性自由的思想解放运动中，使文化获得空前的繁荣，诞生了达·芬奇、伽利略等一批科学巨人，也使得意大利成为世界第一个科学中心。

17 世纪英国科学的崛起有其文化上的根源。美国科学社会学家默顿在其著作《十七世纪英格兰的科学、技术与社会》中就清教主义对科学技术发展的促进作用做了深入的研究。清教徒重视研究自然、探索自然的奥秘，他们的功利主义价值观客观地促进了科技的发展，他们提倡的与经验主义结合的理性主义同培根的经验主义不谋而合。这种文化传统与社会经济生产相结合所释放出的巨大社会能量，在客观上促成了英国成为世界科学的中心。

法国的理性主义文化传统由来已久，从笛卡尔的理性主义怀疑论中我们可以略窥一二。这种重视理性思维的文化特点使法国的科学研究独具特色，使其更加重视对科学理论的研究。18 世纪，法国启蒙运动与法国大革命是两次重要的思想解放运动。以此为契机，法国实现了科学的职业化与体制化，建立了具有现代教育雏形的高等院校，从而在科技发展中抢占了先机，使世界科学的中心从英国转移到了法国。

德国是一个有着深厚哲学底蕴与文化传统的国家，曾经出现康德、谢林、黑格尔等一批著名的哲学家。德国的文化传统有注重理论思维的特点，这种文化传统成为“19 世纪上半叶德国科学的体制化以及随后德国科学在各大学超越了牛顿力学而取得更为大胆发展的原因之一”。[8] 德国出现了一批大师级的科学家，如高斯、维勒、赫尔姆霍兹、普朗克、爱因斯坦、海森伯、奥本海默等。人才辈出的德国在 19 世纪 30 年代取代法国成为世界科学中心，并在之后的 90 多年里一直居于世界科学的最前沿。

美国科学的崛起与其移民文化有一定联系。美国的移民文化有以下三个特点。第一，富有创新与冒险精神。美国没有经历封建社会而是直接进入资本主义社会，因此其文化中几乎没有封建保守思想的残余，竞争意识、创新精神、冒险思想都是其移民文化特有的色彩。第二，实用主义哲学的兴盛。美国在未成为世界科学中心之前就在技术引进、技术发明方面异军突起，而且在科学中实用主义很明显，这在客观上刺激了科学技术的快速发展。第三，具有很强的包容性，善于吸收其他民族文化的优点。这些美国文化的特点是其长期以来一直占据世界科学中心的重要原因。

从世界科学中心的转移过程中，我们可以清晰地看到一条文化进化发展的脉络。文化是科技创新的重要环境因素，它总是若隐若现却又如影随行地与科技创新联系在一起，构成了科技发展的文化土壤。

4. 文化是创新的基础与环境

文化作为一种社会历史性的存在，它一经出现就发挥着“化人”的功能，不仅引导和控制着人的活动及其效果，也包括人的创新活动。对于特定阶段的人来说文化是一种传统，是人们从事创新活动的背景性环境，既成的技术传统、风俗习惯、价值观念都成为创新的约束条件。文化自身具有进化的特点，对于特定阶段的人来说是具有进步意义的东西，随着时代的变化，部分内容就转变为陈旧落后的文化、成为改革的对象。因此，文化对于创新活动既能起到积极的促进作用，也能成为创新的绊脚石。文化与科技创新之间是相互作用的，这种相互作用在前面所论述的世界科学中心转移的历史过程中已得到充分体现。文化作为潜在力量制约着科技创新的方向与发展，使科技创新通过对社会经济、政治的渗透也逐渐影响与改变着文化。历史上的科技革命对文化的塑造作用是深刻而长久的。

4.3.2　孕育原创的创新文化

前文论述了文化与创新之间相互作用的关系。文化既可以促进创新的孕育，也可能阻碍创新的出现。“观念的创新、科技的创新、体制的创新，无不回归于文化的创新，这不仅是逻辑的必然，也是历史的必然。要实现科技和体制上的创新，必须把建立创新文化当作一个重要的前提。”[9] 创新文化是指与创新相关的文化形态，它主要涉及两个方面：其一，文化对创新的作用；其二，如何营造一种有利于创新的文化环境与氛围。创新不仅是思想观念上的创新，更重要的是实践创新。因此，构建有利于创新的文化环境更凸显现实的重要性。科技部原部长徐冠华于2003 年在纪念香山科学会议十周年纪念会上的讲话中提出了构建创新文化的四点要求：一是树立“以人为本”的科学理念，二是造就开放的学术环境，三是倡导追求真理、宽容失败的科学思想，四是摒弃急功近利、急于求成的浮躁习性[10]。

我们关注“创新文化”就是要为原始创新、技术创新、体制创新等各种创新活动创造一个宽松适宜的环境，从而真正提高创新能力。从这个意义上讲，创新就是一种文化——创新文化。相对于观念创新、体制创新、科技创新来说，创新文化属于一种综合的、具体的、基础层面的问题。创新文化的功能就是孕育原始思想、激发创新灵感、提高创新能力。在创新环境之中，创新主体创新欲强，敢于进行科学探索，具有进取和冒险精神，勇于标新立异，并形成团结协作、公平竞争、宽容和谐的良好文化氛围。

文化具有三个层面的内涵，即文化的器物层面、制度层面与观念层面。我国著名学者梁漱溟在其著作《东西文化及其哲学》中曾把文化界定为“一个民族生活的种种方面”，他所概括的三个主要层面正是物质文化、制度文化和精神文化。因此，创新文化作为一种特定的文化形式也具有这三个层面的内涵。从文化的器物层面来看，创新文化的要求类似于前面所说的原始创新的物质环境，即为各种创新活动提供物质基础；从文化的制度层面来看，创新文化就是要通过制定各种创新激励制度为创新活动提供强劲动力，通过创新保障机制为创新活动保驾护航；从文化的观念层面来看，创新文化旨在形成尊重知识、尊重人才的良好社会氛围。文化的观念层面对创新的影响是至关重要的，我国科学原始创新不足的一个重要原因就是科学精神的缺失，而科学精神就属于创新文化的观念或精神层面。

以上列举的都是东西方文化中有利于原始创新的积极因素。当然这两类文化也有各自的不足之处。德国学者斯宾格勒（Oswald Spengler，1880—1936）在其著作《西方的没落》中指出了西方文化的许多不足。同样，中国传统文化也存在诸多阻碍原始创新的不利因素，如“天不变，道亦不变”的形而上学思想成为保守思想者的行动指南；“学而优则仕”的官本位思想使社会精英将科学才智闲置起来，形成了极大的人才浪费现象；尊师重道的传统价值观所形成的精神束缚，会在一定程度上压制年轻人的思想，阻碍年轻人尝试新的道路；封建等级秩序造成人们唯命是从、缺乏独立思考的不良习惯。这些传统文化对我国创新精神的开拓都具有不可忽视的负面影响，成为中华民族培养创新意识的阻碍因素。因此，我们应该辩证地看待东西方文化，“取其精华，去其糟粕”，促进两类文化的会通，从而促进创新文化的发展。

4.4 原始创新的组织环境

科学共同体是指具有特定范式的科学家群体所构成的科学组织，它构成了原始创新的内在组织环境。“科学共同体”（scientific community）这一概念最早是由英国物理化学家波朗依（M. Polanyi）在一篇题为《科学的自治》的文章中提出的。他指出，今天的科学家已经不能孤立地从事研究活动，“每个人都属于专门化了的科学家的一个特定集团，科学家的这些不同集团共同形成了科学共同体”。科学社会学家罗伯特·金·默顿（Robert K. Merton，1910—2003）和科学哲学家库恩从不同角度研究了科学共同体。前者把科学家和科学共同体作为研究对象，以科学发现优先权之争作为逻辑起点，以科学奖励系统作为科学共同体运行的动力，揭示了科学共同体与成员的互动关系；后者则主要是以科学知识本身作为研究对象，把范式作为科学共同体的规范和促进科学发展的动力源泉，从科学发展的角度阐明科学共同体的规范形式。下面我们就从科学共同体的规范、社会运行机制及其结构三个方面来说明原始创新的组织环境。

4.4.1 科学共同体的规范

默顿认为，科学共同体的规范就是科学的精神气质，这是“约束科学家的有情感色彩的价值观和规范的综合体。这些规范用规定、禁止、偏好和许可的形式表达。它们借助于制度性价值而合法化”[11]。科学共同体的规范包括四个方面：普遍主义、公有主义、无私利性、有条理的怀疑精神。默顿提出这四条科学规范就是为了保证“科学制度性目标”的实现，他认为科学的制度性目标是“扩展被证实的知识”。因此，默顿这四条科学规范的内在联系在于“从不同的侧面堵塞了人和社会因素污染科学知识内容的渠道”[12]。其中，普遍主义主要是防止在科学评价过程中，人和社会因素对科学知识的干扰；公有主义主要是防止在科学的交流传播和运用过程中，人和社会的因素对科学知识的干扰；无私利性是从科学家从事科学活动的心理层面，防止人和社会因素对科学知识的干扰；有条理的怀疑精神是在科学家接受或承认已有科学成果的过程中，防止人和社会因素对科学知识的干扰。四条科学规范从不同的侧面规定了科学家的行为方式，塑造了科学家的整体形象，形成了科学的独特“精神气质”。

作为原始创新的组织环境，科学共同体通过其内在规范对从事科学原始创新活动的科学家提出了相应的要求。原始创新按照发展的历时性可以分为四个阶段：原始创新孕育、原始创新激发、原始创新验证和原始创新扩散。科学共同体的这些规范都可以在相应的阶段中发挥积极作用。在原始创新孕育阶段，有条理的怀疑精神是发现科学问题，孕育原创思想的前提，没有怀疑就没有新思想的诞生。无私利性则为科学原创的探索提供动力支持，它要求科学家从事科学活动的唯一目标是发展科学知识而不是任何个人利益，这正符合科学研究中探索自然奥秘、寻求科学真知的纯科学倾向。普遍主义是原始创新验证阶段的原则性要求。科学知识是对外部世界客观过程和关系的真实反映，它与人性无关。因此，人们评价科学知识，特别是原始创新科学知识时，应当拒斥特殊主义，不考虑科学原创主体的性别、民族、年龄、国籍、宗教、阶级、政治立场和个人品质等任何社会属性。公有主义则是原始创新扩散阶段的必然要求。原始创新的成果一经产生，就成为科学共同体和全社会的公有财产，它不属于任何个人。原始创新知识的生产者对其产品的要求仅限于“承认”与“尊重”，即科学共同体对原创主体的发现优先权的承认。

4.4.2 科学共同体的社会运行机制

科学共同体的社会运行机制是指科学共同体成员积极从事科学研究活动、推动科学进步的力量源泉，其中科学奖励系统是推动科学共同体发展的主要动力。科学社会学家杰里·加斯顿（Jerry Gaston）认为，科学奖励系统的本质就是科学共同体根据科学家的角色表现分配承认。科学奖励系统的功能一方面是鼓励科学家做出独创性的发现，另一方面是在科学的社会控制方面发挥作用。一般来说，科学奖励系统有以下三个方面的作用。

一是激励作用。建立科学奖励制度的目的就是通过物质与精神奖励，使那些在原始创新方面做出贡献的优秀科学家获得承认与尊重，从而树立榜样，激励、促进整个科学共同体的原始创新。正如科尔兄弟所说："奖励应该对科学家个人、授予机构以及整个科学共同体发挥重要的奖酬功能。"[13]

二是竞争作用。科学奖励制度在激励科学家进行原始创新的同时，也在客观上促进了科学共同体内部成员间的相互竞争。科学发现的优先权只属于那些首创者，因此围绕着科学发现的优先权，科学家之间的竞争异常激烈。正如默顿所言："现代科学编年史因科学家们的下述情况而变得更富于刺激性，由于他们知道其他人可能会在同样的道路上走得更快而趋向更强烈的努力。"[14]因此，科学家要想获得荣誉和承认，就必须充分发挥创造性，尽早做出原始创新的发现。

三是控制作用。一方面，科学共同体在进行科学奖励之前须借助严格的同行评议制度，引导共同体成员自觉遵守科学规范；另一方面，有利于政府更加科学地制定科学政策，确定科研方向，进行科学管理，使决策不断科学化、合理化和最优化。

在科学奖励系统中存在"马太效应"。凡是在事业早期表现出有发展前途的科学家，都可以在从事科学研究的过程中获得更多的资源与更好的机会，从而使其在科学发展中的优势逐渐积累。因此，从一开始就占优势的科学家虽能得到更多的机会以获得进一步的成果与科学地位，但会使未能获得有利条件者越来越贫乏。"马太效应"从荣誉、人力和资源分配等方面揭示了存在于奖励系统中的优势累积效应。

由此可见，科学奖励系统在荣誉和取得成就的条件之间不断地起着促进作用，特别是"马太效应"的存在强化了科学中的分层现象。因此，科学共同体的科学奖励系统，一方面起到了激励原始创新的作用，另一方面则不利于科学中虽有创造力但处于科学分层较低等级的"无名之辈"的发展，这在一定程度上不利于原始创新活动的开展。事实上，在科学史中，很多原始创新都是由一些科学的“无名之辈”创造的，例如爱因斯坦在发表狭义相对论的时候还只是专利局的一个普通职员，华罗庚、陈景润等杰出数学家也是从普通科学工作者一步一步地迈上科学巅峰的。因此，在发挥科学奖励制度激励作用的同时，要克服制度中不利于原始创新的方面。

4.4.3 科学共同体的结构

科学共同体的结构主要是指它的社会分层体系，其划分标准主要依据共同体成员对科学知识的贡献程度，这种贡献程度通常是以科学共同体的特有承认方式来衡量的。承认的方式有科学命名、荣誉奖励、职业位置等。在科学的社会分层中，处于等级体系顶端的只是少数科学精英，如爱因斯坦、普朗克、玻尔等；其次是诺贝尔奖奖金获得者、一流科研机构的学术带头人、国家科学院院士等；处于较低位置的则是一些不太著名的、影响较小的科学家阶层。科学分层的结构体现了科学共同体对独创性的承认状况。

科学共同体的分层结构对原始创新的影响可以通过以下两个效应加以说明。

一是“波顿克效应”。“波顿克效应”经常被用来解释科学家因在机构分层体系中的地位不佳而造成的承认不利，该效应最严重的受害者是那些在低声望和边远地区机构任职的科学家，他们很难获得同行的承认。“一位杰出科学家提供的认识素材，可能会比一位无名科学家提供的大致相同的素材有更大的激励价值。”[15]在科学史中有大量的例子表明，许多由相对不知名的科学家撰写的重要论文被科学共同体所忽略。“考虑一下沃特斯顿的情况，他有关分子速度的经典论文被英国皇家学会拒绝了，认为它是‘一派胡言’；另一例子是孟德尔，他因自己有关遗传的具有历史意义的文章未得到响应而深感沮丧，拒绝再发表其进一步研究的成果。”[16]这一效应表明，科学家的声望、研究机构的研究条件和气氛，对科学家的成果评价、知识产出有重要的作用。

二是“棘轮效应”。默顿认为：“在科学荣誉的分层体系中，也许存在着一种对科学家的事业有影响的‘棘轮效应’，以至于一旦取得了一定程度的知名度，他们此后就不会远远跌落到此水平之下。”[17]在“棘轮效应”的作用下，科学家一旦因自己的工作获得某种承认与地位，就再也不会退回到原来的地位。“棘轮效应”表明：科学分层结构的流动是单向的，只能升迁不可逆下，并且等级越高表现越明显。正如默顿所说：“一旦获得诺贝尔奖，终生都是诺贝尔奖桂冠者。”[18]由此可见，该效应既有引导科学家继续努力做出更大的科学成就的积极作用，又有负面影响。因为只上不下的单向流动不利于科学交流与合作，会压制年轻的、富有创造力的科学家的成长，导致僵化的和封闭的用人体制，不利于公平竞争而有碍于原始创新活动的开展。

综上所述，科学共同体内部应该有民主自由的价值取向，鼓励交流与合作，提倡科学宽容的精神，同时不断完善科技奖励机制，保证科学分层结构的合理性，从而形成有利于原始创新的组织环境。

本章参考文献

[1]阎康年. 中外科技创新文化环境对比研究初探[J]. 中国科学院院刊,2005(2):159.

[2]张茜. 自然科学基金委公布 2018 年资助账单[N]. 中国青年报,2019-03-27(3).

[3]常晶,陈炜. R&D 项目立项评估研究[J]. 沈阳工业大学学报,2004(6):703.

[4]周寄中,吴佑明. 科技奖励学[M]. 杭州:浙江大学出版社,1993.

[5]颜晓峰. 创新论[M]. 北京:国防大学出版社,2002.

[6]李约瑟. 中国古代科学[M]. 李彦,译. 上海:上海书店出版社,2001.

[7]罗素. 西方哲学史[M]. 何兆武,译. 北京:商务印书馆,1963.

[8]何亚平,张钢. 文化的基顿:科技文化史论稿[M]. 北京:东方出版社,1990.

[9]徐冠华. 大力构建创新文化环境[J]. 世界科学,2001(6):11.

[10]徐冠华. 科技创新与创新文化[J]. 中国基础科学,2003(6):6－7.

[11][14][15][16][17][18]默顿. 科学社会学:理论与经验研究[M]. 鲁旭东,林聚任,译. 北京:商务印书馆,2003.

[12]马来平,常春兰,刘晓. 理解科学:多维视野中的自然科学[M]. 济南:山东大学出版社,2003.

[13]乔纳森·科尔,斯蒂芬·科尔. 科学界的社会分层[M]. 赵佳苓,顾昕,黄绍林,译. 北京:华夏出版社,1989.

第 5 章　原始创新的内在过程与机制

前两章笔者从宏观方面描述了原始创新的发展动力与外在环境。虽然宏观的描述有助于我们对原始创新的轮廓有一个清晰的认识，但这只是一种感性的认识，只有通过对原始创新的内在过程、演化机制作进一步研究，才能在理性层面上拓宽理解原始创新的深度。本章将运用创造学中关于创造过程的分析，结合知识管理的相关理论，对原始创新的内在过程与机制进行初步的探讨。

5.1　创造的过程

创造学中的创造过程是指个体从开始创造到产品落实过程中的一段心智历程。人类的创造活动是个复杂的心理过程。早在 1896 年德国著名生理学家赫尔姆霍兹（H. L. F. Helmholtz）就提出了创造性工作的三个阶段：①最初的努力，直到无法进展为止；②停顿和徘徊时期；③突然的发现和意外的解决。后来法国数学家彭加勒（J. H. Poincare，1854—1912）又加了一个阶段，即④再次有意识的努力时期[1]。

5.1.1　沃勒斯的创造四阶段理论

对创造过程进行开创性研究的是英国心理学家沃勒斯（G. Wallas），他在前人的基础上总结出至今仍享有盛名的“创造四阶段说”。他认为，无论哪一位科学家、艺术家、发明家，即使其发明创造的成就具有再大的意义，也都大体经过四个阶段：准备（preparation）、孕育（incubation）、豁朗（illumination）和验证（verification）。

1. 准备阶段

从事创造活动，必须有一定的准备阶段，其中包括发现问题、收集必要的事实资料、必要的知识和经验的储存、技术和工具的筹集、其他条件的争取等。创造者在创造之前需要对前人的相关研究有所了解，如对前人解决到什么程度，哪些问题已经解决，哪些问题尚未解决等都要做深入的分析。这样既可以避免重复前人的劳动，还可以使自己站在新的起点从事创造工作。从前人的经验中，不仅能获得知识，还能获得启示。

准备工作的范围包括相关学科、跨学科的知识汲取和方法借鉴。对资料、经验应做深入的整理分析，对无效的观念应予以抛弃，对问题应做多角度、多思路、多方法的试探解决。然而到达某种程度时，创造者在解决问题的过程中会遭受种种挫折，苦思而不解，于是就将问题搁置一旁，暂时“忘记”。

2. 孕育阶段

孕育阶段又称酝酿阶段。创造性活动所面临的必定是前人未能解决的问题，尝试运用传统方法或已有经验必定难以奏效，在经过多次试探而没有找到解决方法之前只好把欲解决的问题暂时搁置。表面上看，创造者不再有意识地思考问题而转向其他方面，实际上其潜意识里仍围绕这个问题在工作。

在孕育阶段，可以换一种心理工作，也可以使大脑休息一段时期。沃勒斯认为，可以将前一个问题搁置变换成其他的问题，然后有意在半途予以搁置，再换第三个甚至第四个问题。这种交替工作，很可能同时得到几个结果，使孕育阶段得到充分利用。不过，创造的孕育阶段的时间难以确定，既可能较短，也可能延续许多年。

3. 豁朗阶段

豁朗阶段也称明朗阶段，是指将一个苦思不得其解的问题搁置一旁，经过一个时期的孕育，创造者对所要解决问题的症结由模糊转向清晰，于是在某个偶然因素或外部事件的触发下，创造性的新观念突然呈现，使创造者有豁然开朗的感觉。由于这种解决问题的方式常常是突如其来的，所以一般称为“灵感”或“顿悟”。事实上，灵感或顿悟并非一时心血来潮的偶然所得，而是充分准备与长期孕育的结果。

4. 验证阶段

在豁朗阶段获得的灵感是否可靠有待进一步的验证。新的观点不仅需要通过逻辑分析和论证以检验其正确性，还需要通过实践、实验等形式加以验证。在验证阶段，既有可能出现对新观点的确证，也有可能出现对新观点的证伪。如果出现后者，则创造过程需要重新开始。

沃勒斯的创造过程四阶段理论的最大特点是显意识思维（准备阶段与验证阶段）和潜意识思维（孕育阶段与豁朗阶段）的综合运用，而不是片面强调某一种思维，这是创造性思维赖以发生的关键所在。这一理论对于我们理解原始创新的过程具有重要的指导意义。

5.1.2　贝弗里奇的四个 C 理论

贝弗里奇（W. I. Beveridge）在论述直觉产生的法则时，提出了创造过程的四个 C 理论[2]，即收集情报（collection of information）阶段、深入思考（contemplation）阶段、形成概念（conception）阶段和评价新想法（criticism of the new idea）阶段。因为每个过程开始的英文字母都是“C”，所以被称为“四个 C 理论”。

1. 收集情报阶段

在这一阶段，创造者通过查阅文献、直接观察和实验等各种方式收集与问题相关的情报信息。贝弗里奇认为：“同问题保持密切的亲身接触，经常会导致人们观察到那些在其他情况下可能被忽略的细节，并且这样做也会激发起想象。它能使人们对于问题产生一种下意识的熟悉的感觉，得到一种难以用客观的语言记录的领悟。"[3]这一阶段的最主要目标是确定或提出所要研究的科学问题，通过广泛收集的信息对问题的研究进度、解决方式等有一个清晰的认识，为进入下一个阶段奠定基础。

2. 深入思考阶段

这一阶段的主要工作是分析、消化、吸引收集到的情报，从各种可能的角度进行细致的研究。分析已有情报时应注意两个方面，一是保持独立思考的习惯。"对涉及情报的其他细节，每一点都要审慎地检验，寻求有意义的联系。对隐藏在事实后面的原因要加以深思：为什么它是这样或以这样一种方式发生，原因何在；它同待解决的问题在外部形态上有无类似？问题的各个方面都要在头脑里形象化。"[4]二是以批判怀疑的态度对待各种现有观点。对未经理性或实践证明的公理性假设要有一种存疑的态度，不轻易相信某种观点，这样才能不为现有知识所束缚，而且有利于运用创造性思维解决问题。贝弗里奇还提出在这一阶段要加强科研的交流，"对话可以刺激头脑，使思想摆脱沿着同一习惯和同一记忆痕迹发展"[5]。对研究问题的深入思考会使研究者进入一种痴迷状态，从而为进入下一个阶段做好准备。

3. 形成概念阶段

在前两个阶段的基础上，研究者对所研究问题的认识越来越清晰，可能在大脑中出现突然的洞悉，产生启发性的思想火花。在灵感或直觉迸发之前可能经历一段时间的困惑不解，思维也会陷入僵局，这时候如果能暂时放开看似无法突破的难题，去做一些轻松的活动，如在郊外散步、听听音乐、看看电视，一个可能的答案往往会突然浮现。"直觉最显著的特点是你无法用有意识的思想训练得到它们，它们似乎是自发产生的。显然，它们是在潜意识的头脑中萌发的。"[6]

在这一阶段，某些意外的观察也可能激起直觉。阿基米德发现浮力定律就是一个典型的科学案例，当阿基米德躺进澡盆看到被自己排挤出的洗澡水时，灵感突如其来。他突然意识到，他的身体所置换的水的总量，恰好等于身体浸入部分的体积，这使他发现了浮力定律并找到了如何测量皇冠体积的线索。这种通过偶然事件激发的科学灵感是概念形成阶段的常见现象。

4. 评价新想法阶段

必须对前几个阶段获得的新想法进行批判性的检验，以确定其是否正确。与沃勒斯的验证阶段一样，人们往往会发现自己的劳动成果无法通过理论或实践验证，这时需要以辩证的观点看待问题，找出问题症结所在以改善、修正原有观点，而不应一经否认就立即抛弃新思想。即使经过多次尝试仍然存在问题，至少可以从这种新思想进一步导出有益的思考路线，或是解决问题的新方法。科学成果基本上都是在经历过多次失败之后才有的收获。

通过以上描述我们可以发现，贝弗里奇的四个 C 理论与沃勒斯的创造四阶段理论之间有许多共同之处，它们都是从时间序列上对创造过程的描述，都分别经历了准备、酝酿、灵感与验证这几个阶段。两者的不同之处在于，沃勒斯强调了在创造过程中的显意识与潜意识的交互作用，从心理层面描述了创造过程；而贝弗里奇则从科学研究的顺序方面描述了创造的过程，其理论更具有实际操作的特点。

5.2　基于知识螺旋的原始创新的过程与机制

目前，学术界有关原始创新过程与机制的研究较少，主要有陈雅兰等提出的原始创新的演化机制，强调激发因子、强动力等在原始创新中的作用。这里我们将从知识管理的角度运用日本学者野中郁次郎与竹内弘高的知识螺旋理论，提出原始创新的四个阶段，即孕育阶段、激发阶段、验证阶段与扩散阶段及其特征与主要因素，并在此基础上分析原始创新的演化机制。

5.2.1 知识螺旋理论概述

日本学者野中郁次郎与竹内弘高提出的知识螺旋理论[7]说明了意会知识与明晰知识之间在不断地互动，经由共同化（socialization）、表出化（externalization）、联结化（combination）、内在化（internalization）四种知识转换模式，并透过个人、群体、组织等不同的层次逐渐扩散，形成了“知识螺旋”，以促成知识的扩散、嵌入与累积。个人、组织通过知识创造螺旋的方式，让散布各处的知识结合起来，并镶嵌在不同的知识载体中，以进一步协调知识的流通、整合、转移与蓄积。在知识转换的过程中，以不同的个人、组织知识类型，产生一个循环不止的知识创造、扩散、累积过程。

按照哲学家迈克尔·波兰尼（Michael Polanyi）的划分，知识可以分为两类：意会知识与明晰知识。意会知识是指与特定情境相关的个人知识，它既难以形式化，也难以交流；而明晰知识则是明示或系统化的知识，是那些具有形式、系统的语言表达，可以进行传递的知识。波兰尼认为，人类撷取知识所采取的形式实际上是通过积极地对自身体验进行创造和组织。因此，能够以文字和数字形式表示的知识只代表全部知识的冰山一角，正如他所说：“我们所知道的比能够说出来的要多。”

共同化是指个体之间分享意会知识的过程，主要通过观察、模仿和亲身实践等形式使意会知识得以传递，“师传徒授”就是个体之间分享意会知识的典型形式，而借助信息技术建立虚拟知识社区，则为在更广泛的范围内实现知识的社会化创造了条件。由于新知识往往起源于个人，因此共同化是知识创造和传播的起点。

表出化是对意会知识的明晰表述，并将其转化成别人容易理解的形式，这个过程在传统上主要依赖于类比、隐喻和假设等方式来推动意会知识向明晰知识的转化。

联结化是知识扩散的过程，通常是将零散的明晰知识进一步系统化的过程。经过社会化和外在化过程，意会知识还比较零碎，也没有形成格式化的语言，将这些零碎的知识组合起来并用专业语言表述出来就完成了知识联结化的过程。通过联结化，个人知识就上升成为组织知识，从而能更方便地为更多人共享。

内在化是指意会知识转化为组织中其他成员的隐性知识，团体工作、边干边学和工作中的培训等是实现知识内隐化的有效方法。

知识的转化、传递和创造是一个动态、递进的过程，当个人的意会知识完成一次知识螺旋运动的过程，并转化为新的意会知识时，就开始了新一轮的知识螺旋运动。

原始创新是指向科学共同体贡献从未出现过，甚至连名称都没有的东西。原始性研究成果一般在当时很难看出其应用价值，但它为今后的科学和技术的发展提供储备[8]。原始创新的实质就是知识创新，因此可以运用知识创造的螺旋模型研究原始创新的演化机制。

5.2.2 原始创新的四个阶段

原始创新按照时间序列可以分为四个阶段，即孕育阶段、激发阶段、验证阶段与扩散阶段。

1. 原始创新的孕育阶段

原始创新的孕育阶段是原始创新活动的起始阶段，这一阶段具有两个特征。第一，知识的存在形式为个体的意会知识。科学家通过科学实践与观察获得了一些感性认识，在大脑中形成了一些模糊的想法与观点，虽然隐约可见，但处于朦胧状态，暂时还无法用清晰明确的语言、数据来表达。第二，知识所蕴含的内容具有高度的创新性，是前人从未提出的。原始创新虽处于孕育阶段，但其包含的信息具有超前性，是以往没有遇到过的。例如，在科学活动中出现的反常现象等。

原始创新的孕育阶段与以下三个因素密切相关。

（1）知识积累与知识结构。原始创新离不开知识的积累。泰勒有句名言：“具有丰富知识和经验的人，比只有一种知识和经验的人更容易产生新的联想和独到的见解。”一般而言，知识的拥有量与发现新问题和想法之间呈正相关关系。科学原创的代表人物如牛顿、爱因斯坦等的成功在相当程度上得益于他们的渊博知识。他们不仅拥有扎实的专业知识，而且拥有常人所欠缺的一般知识。这两位科学家都具有深厚的哲学修养，都认真阅读过自古以来的重要哲学家的经典著作。

原始创新的孕育不仅需要一般的知识背景，更依赖于深厚的专业知识储备。“在科学领域中，如果不能把该专业的基本知识吸收消化，事实上就不可能做出创造性的贡献。”[9]随着社会的发展，社会分工日益精细，专业化倾向越来越明显，如果没有坚实的知识基础就很难在科技创新方面有所突破，更不用说做出原始创新了。马克斯·韦伯（Max Weber，1864—1920）说过：“科学已经进入了一个前所未闻的专业化阶段，并且未来也将是如此。事情不仅在表面上，而且恰恰实际上是：只有在严格的专业条件下，一个人才能有可靠的意识，在科学中做出某种真正完美的贡献。”[10]

原始创新活动虽然离不开一定的知识积累，但知识拥有量与原始创新之间不一定是正相关的，有时候过多的信息也会形成信息冗余，反而阻碍了创新主体能力的发挥，只有合理的知识结构才能使知识的储备发挥出最佳效应。合理的知识结构对于原始创新尤为重要，因为原始创新对于创新主体的要求比一般性创新要高。

什么样的知识结构有利于原始创新的孕育呢？目前这个问题虽尚无定论，但通过考察科技史中原创型科学家的特点我们可以发现，T 形知识结构有利于原始创新的孕育。所谓“T 形知识结构”是指研究者知识渊博，既能在某一专业领域有较为深厚的基础，又对相关的领域有比较全面的了解[11]。具有 T 形知识结构的研究主体，由于其知识构成的交叉性而决定了他们善于在科学的边缘寻找到创新的机会。贝弗里奇说过：“如果具有有关学科或者甚至远缘学科的广博知识，那么独创的见解就更可能产生。”[12]实际上各种知识都有其内在的统一性，拥有 T 形知识结构的人具备广博的知识，因此善于从整体上把握知识之间的纵横联系，充分发挥知识之间相互启发、相互促进的互动作用，从而可能孕育出原始创新。

（2）长期的科学体验。原始创新孕育阶段的关键在于形成原始创新意会知识，而意会知识获取的主要途径是体验，即参与科学实践、思考科学问题，只有长期的科学实践才能使原始创新知识逐步建立起来。例如，袁隆平院士通过多年的科学实践获得了有关杂交水稻的原始创新知识。1960 年，他发现了一株“鹤立鸡群”的水稻，当时他猜测这是一株“天然杂交稻”。经过多年的培育与体验，他对杂交水稻的想法日益成熟。1973 年，袁隆平院士在世界上首次成功培育出强优势杂交水稻。可以说，杂交水稻这一原始创新知识正是袁隆平院士在多年科学体验的基础上获得的。

（3）想象力。想象力是创新思维的重要能力，是描述现实世界中尚未存在事物的能力。想象力一般表现为“创意”，即提出解决科学问题的方案。丰富的想象力往往有助于对原始创新思想的孕育。科学研究是一种创造性的脑力劳动，许多科学认识和科学发现都与科学家的形象思维有关，尤其是想象力的有效发挥更是重要因素。爱因斯坦说过“想象力是科学研究中的实在因素”，“是知识进化的源泉”。所以，想象力在科学认识和科学发现中具有重要作用。例如，X 射线的发现是 20 世纪初物理学的一个重大原创成果。伦琴（Wilhelm Roentgen，1845—1923）在发现 X 射线的过程中丰富的想象力至关重要。伦琴用实验证明了麦克斯韦的电磁理论。他在做科学实验时，观察到带电的电容器的两个极板移动时能产生磁效应，当时他想象一定有一种“物质”存在，于是他用这种“物质”给妻子照下了第一张手骨照片。这种“物质”就是 X 射线。因为发现 X 射线，伦琴于 1901 年获得诺贝尔奖，成为世界上第一个诺贝尔物理学奖的获得者。

2. 原始创新的激发阶段

原始创新的激发阶段是指原始创新性思想经过孕育之后在特定环境与作用下日益成熟，最后以科学论文、科学假说、科学发明等形式呈现出来。这一阶段的主要特点表现为知识从意会知识转化为明晰知识，出现了具体的科学成果。当然，原始创新由于其高度的创新性，因此其成果也表现出高度的风险性与不确定性。

创造学的研究表明，具体创新活动的酝酿期有长有短，创新主体往往要付出艰辛的劳动与持久的勤奋。王国维曾经描述这一境界为“衣带渐宽终不悔，为伊消得人憔悴”。在创新的酝酿期通常会出现停滞不前的“瓶颈”局面，一方面工作毫无进展，另一方面一筹莫展。这时候，如果能暂时放下手头的工作去从事其他的工作或做一些娱乐性活动，往往会起到促进作用。因为在转移到新的活动过程中，接触某一新事物时，很可能勾起对原来的创新活动的进一步思索，或使紧张的头脑得以放松，从而有利于灵感的出现。这一现象就是原始创新过程中的激发现象。

引起创新主体对有原来的创造性认识活动进行深入思索的事物，也对原始创新成果的获得至关重要，我们可以称为“原创激发因子”。没有这一激发因子，原创思想最多只能存在于潜意识中，既无法上升到显认识中，也无法从意会知识转化为明晰知识，就更谈不上科学成果的出现。

能够发挥这种激发功能的激发物多种多样，无意识的闲聊、美丽的风景、虚幻的梦境等都在科学家创新过程中扮演过创新激发物的角色。创造主体所能把握的激发物的丰富程度及质量，决定着该主体完成创造认识的数量与质量，影响着该主体对人类社会所做的贡献。一个有着多种兴趣与爱好，又能安心从事自己本职工作的人，往往比那些兴趣狭窄的人更能有所作为。例如，分子生物学创始人之一沃森（James Dewey Watson）在回忆生物大分子 DNA 发现过程的《双螺旋》一书中，介绍到当他的研究工作遇到挫折苦思而无任何进展时，他就去看电影、参加舞会、访朋友、滑雪、度假、打网球等。当碱基在 DNA 模型中的位置问题久攻不下时，沃森写道："几乎每天下午，我总在网球场上打球……茶点以后，我也只在实验室泡上几分钟，随便摆弄一下什么东西，然后就急急忙忙地赶到'老妈'旅馆和女孩子们一起喝雪利酒去了……我仍把大部分夜晚都消磨在看电影上，幻想着答案说不定什么时候突然出现在我的脑子里。"玻尔兹曼喜欢古典音乐，爱因斯坦的专长是拉小提琴，普朗克钢琴弹得好，苏步青喜欢作诗……许多大科学家的爱好对他们创新思想的孕育，有着积极作用[13]。

原始创新活动的激发有一定的规律。巴斯德说过："机会总是偏爱那些有准备的头脑。"所谓有准备的头脑，是指在激发物激发出创新认识之前，潜在的创新认识已经在主体的大脑中形成了。这时的主体虽然无法准确说出大脑中的思想，即知识尚处于无法言传的意会阶段，但是经过恰当的激发与思想碰撞就可能产生原始创新认识。

原创的激发并非神秘的现象，而是经过长时间的思想积淀与实践思考，使大脑神经元处于高度兴奋状态，对所考虑的问题已基本成熟而又未最后形成，原始创新认识处于呼之欲出的状态。正所谓"万事俱备，只欠东风"，一旦受到某种启发就会融会贯通，使创新主体产生认识上的突破。

在原始激发阶段，哲学的洞察力、比喻与类比方法的运用以及灵感和直觉的激发极为重要。

（1）哲学的洞察力。科学史中很多原始创新成果的激发都与哲学有关。好的哲学著作、极富哲理的人文作品都是原始创新的催化剂。柏拉图的著作《理想国》、康德的三大批判、马赫哲学等都曾经影响当代著名的科学家如爱因斯坦、海森堡、玻尔等。海森堡在学生时代就对哲学思辨产生了浓厚兴趣，他曾经多次在其著作《原子物理学的发展与社会》中提到阅读柏拉图《理想国》一书中《蒂迈欧篇》的体会。在艰难地通读全文后，他说："尽管如此，还是很难使我找到一个哲学家，具有柏拉图由于想象力驱使的批判眼光。我期望有一种能够帮助我给柏拉图的猜测找到某种适当根据的原理，但是，虽然我一直等待着，却一无所获。即使这样，那种打算把物质最小粒子需要简化为某些数字形式的思想，使我入了迷。"[14] 早期培养的哲学兴趣使海森堡在理论物理学，特别是量子物理学方面受益匪浅。对应原理与可观察量原则是海森堡在量子力学方面取得突破性进展的两大指导性哲学原理。科学哲学家库恩曾描述哲学对原创所起的重要作用，他说："牛顿物理学在 17 世纪出现以及相对论和量子力学在 20 世纪出现，并不是意外事件，两者都以现代研究传统的哲学分析为先导和伴随。"[15] 为什么这么多科学家都获得哲学的裨益呢？究其缘由，还是在于哲学的学科特点。同一般具体学科相比，哲学的视野、关注的问题比较抽象、普遍，因此哲学提示的规律适用范围比较广泛。它为科学家原始创新提供了更加紧深刻的思辨能力和独特的视角，拓宽了观察问题的深度与广度，从而有利于激发其原始创新。

（2）比喻与类比方法。从某种意义上说，原始创新活动就是解决问题的过程，只不过它不是一般的过程，而是一种具有开拓意义的过程，是一个发现问题、组织问题和解决问题的过程。

因此，原始创新的孕育可以分解为提出问题与分析问题。原始创新孕育的第一步是提出问题。爱因斯坦有一句名言"提出一个问题往往比解决一个问题更为重要"，他本人正是因为提出了解决牛顿力学体系中存在的问题或矛盾而建立了相对论。数学家希尔伯特（David Hilbert，1862—1943）于 1900 年提出的 23 个数学问题，对 20 世纪数学的发展起到了重大的推动作用。由此可见，提出合适的问题是原始创新活动的起点。

提出问题固然重要，但它毕竟不是问题的真正解决阶段。原始创新孕育的第二步就是分析问题，即为解决问题收集、整理、分析事实，为做出判断提供科学依据。对问题的分析一般需要采用各种常见的思维方法，如分类、类比、归纳、演绎、分析、综合、发散思维等。值得注意的是，在原始创新孕育过程中，比喻与类比方法的运用较为常见。比喻是对一个，事物借助象征性地想象为另外一个事物来认识或直觉地理解这一事物的方式，它常常被用于创造原始创新概念。例如，普朗克提出“量子”概念用来比喻能量表现出的离散性特点，法拉第用“场”来比喻“电”无处不在的特性。比喻可以将抽象的与具体的概念联系起来，正如野中郁次郎所说：“这样，富有创造性的认知过程，随着对概念之间相似之处的深入思考以及更加强烈地感觉到它们之间失衡、不一致和矛盾之处，我们经常会发现新的内涵，及至形成新的范式。”[16]类比方法在原始创新孕育过程中极为关键，它通过不同事物之间的相关性或共同点做出猜测，降低未知数，从而为原始创新的产生奠定基础。开普勒曾将类比看作自己非常信赖的老师，笛卡尔也曾说：“我解决过的第一个问题都成一个模式，我以后用它来解决其他问题。”[17]

（3）灵感和直觉的激发机制。原始创新的激发阶段常常伴有灵感与直觉思维的悸动。学者刘奎林认为，灵感是显意识与潜意识相互交融产生的。“灵感的发生有一个过程，虽不在显意识，却在显意识的制导下，酝酿于潜意识，当酝酿成熟，偶遇相关诱因，便凸现于显意识，成为灵感。”[18]爱因斯坦通过自己的科学创造实践得出结论：“我相信直觉和灵感。”他一再强调，在科学创造的过程中，从科学观察和实验到一种新见解的出现之间没有“逻辑的桥梁”，必须诉诸直觉与灵感。

袁隆平在研究杂交水稻的过程中孕育和迸发出灵感，并运用灵感取得了重要发现或突破，他对天然杂交水稻的认识就是在灵感的激发中诞生的。比如，袁隆平对自己培育的优良稻株的后代性状不良问题非常不满，经过长期的思索与苦心琢磨，他突然醒悟：这种性状不良表现不正是遗传学所说的分离与退化现象吗？进而联想到孟德尔遗传学分离定律的相关知识进行直觉的推理和判断，他的大脑中突然闪现“天然杂交稻”这个宝贵的新概念。后来他抓住这一思想闪光点不放，最终成功培育了杂交水稻。

3. *原始创新的验证阶段*

与创新活动的前两个阶段一样，原始创新的验证阶段也是极其重要的，因为任何原始创新如果仅仅停留在前两个阶段，就不能发挥原创应有的作用。只有通过科学共同体的同行评审与检验，才能使原创成果成为科学家的共有财产，成为科学进一步发展的基础。

验证阶段是原始创新活动的重要环节，它的基本功能是确定原始创新知识的功能和正误，揭示它的发展潜力和应用前景。经过原始创新的孕育与激发阶段所产生的原始创新的明晰知识，是否就是解决科学问题的答案，是否是可实践、可行的都有待验证。新的观点要经过逻辑的推敲与实践的验证。在验证阶段，对原始创新的明晰知识往往需要加以修改和完善，甚至会出现否定的情况。总之，原始创新经过孕育、激发后，仍需要经过审美、逻辑、实践等方面的验证，只有通过相应的验证，才能成为科学家的共识，成为科学进一步发展的基础。

验证阶段是系统化明晰知识的形成阶段，同时使系统性明晰知识向意会知识转化，实现知识的内在化过程。

原始创新的验证阶段主要涉及以下三个因素。

一是科学的审美标准。在对原始创新知识的初步验证中，审美标准起到重要作用。科学家首先会对提出的理论、模型的形式美做出判断以对理论做出初步的选择。乔治·汤姆森（George P. Thomson，1892—1975）说过：“人们总是能够造出一种理论，及至许多种理论去解释已知的事实，间或地甚至能预言一些新的事实。而对理论的审视标准却是审美的。”[19]狄拉克（Paul Adrie Maurice Dirac，1902—1984）非常推崇科学评价中的审美标准。他说："在审美方面不悦人的理论很可能与真相相去甚远，即使它们有一系列经验成功的记录。"他还强调，审美的影响表现在作为启发性的向导上，也表现在作为理论估价的基础上。一些科学家相信沃森和克里克的 DNA 结构的正确性正是基于审美因素。沃森曾在自己的书中提道："富兰克林接受这一事实：这个结构太漂亮了，以致不能不是真的。"[20] 审美标准的作用从侧面说明了经验论证的困难，如对理论虚假的否定或确证。

二是逻辑与实验的检验。逻辑检验是原创验证阶段最常用的检验方式，只有满足逻辑的明晰性要求才能称为正确的认识。逻辑检验是科学地测度被检测对象本质关系的基本手段，但仅仅停留在逻辑检验的层面上仍然不够。原始创新知识最终要依赖于社会实践（在科学层面上主要是实验）的验证。一般认为，经过多次实验检验的理论与思想才是确证的。逻辑与实验检验是辩证联系的：实验检验依靠逻辑检验来设计、实施和处理结果，又构成逻辑检验的最后基础和对照尺度，是逻辑检验的现实化和物质化；而逻辑检验只不过是实践检验的抽象化和形式化。逻辑检验如果要可靠，其必要条件是它所运用的逻辑手段、背景知识和思想材料必须是准确无误的，这就只能求助于实践检验并建立在实验检验的基础上。检验过程实际上是逻辑检验和实践检验的统一，两者互为条件、互为基础、相互补充、互相推动。同时，检验又是过程和结果的统一。

三是原创的延迟评价。从科学发展史来看，错误评价原始创新成果的现象时有发生：有的把原创成果视为异端，有的把非原创产品误认为原创产品。科学史上有过多次这样的教训：在某一时期遭到禁止的思想、演说，后来被事实证明是正确而极有原始创新价值的。例如，哥白尼创立的太阳中心说经历了大约 300 年才被科学界承认，孟德尔于 1909 年提出的遗传定律也是被科学界抛弃了几十年之后才重见天日。总结科技史的经验教训，要真正避免原创成果不被承认情况的发生，从科学共同体来说要有科学宽容的精神，用客观、公正、包容的态度对待科学中的新思想、新观点、新理论。即使在某个时期的科学观点看来是天方夜谭，也不能轻易否定、扼杀它，而要从逻辑上、实践中判断它有无科学的根据。由于原始创新知识可能超出一定的时代认知，尚不具备实践（实验）检验的条件，因此在审美与逻辑检验完成的基础上可以采取延迟评价方法，即暂时搁置争议，留待检验条件成熟时再对其加以验证，而不能直接盖棺定论，将其从科学共同体中驱除。

4. 原始创新的扩散阶段

原始创新的扩散阶段是指原始创新知识被科学共同体接受后得到广泛应用的阶段。我们知道，原始创新成果对于科学发展具有重大意义，它会引起科学理论与科学应用的连锁反应。在原始创新的扩散阶段中，知识从系统的明晰知识转化为群体的意会知识，被内化为科学共同体的共同经验，成为科学进一步发展的基础。这一阶段的任务就是将原始创新知识运用到相关理论与实践中，从而实现其内在的价值。

在原始创新扩散阶段形成了群体性意会知识，并在科学共同体中通过集中训练、组织培训、学习等方式向个体意会知识转化，实现知识的共同化过程，同时开始新一轮的知识螺旋运动。

原始创新的扩散阶段应注意两点。第一，尽快实现范式转换，使科学共同体以新范式为核心开拓新问题、新领域。原始创新性成果一旦成为科学共同体的共有范式，就会作为范例起到指导、深化科学研究的作用。例如，牛顿力学的形成是 17 世纪重大的科学原始创新，促进了后来近 200 年的科学道路沿着牛顿的范式持续地发展下去。第二，创造条件促进知识的连锁反应。原始创新性成果的重大意义在于能够开辟新的研究方向和研究领域，同时它也依赖一定的条件，如平等竞争的研究氛围、科学的激励政策等都对原始创新作用的发挥具有重要影响。

原始创新扩散阶段的重要因素有以下三个。

一是科学奖励制度。在科学共同体内部，原始创新知识的扩散与应用主要依赖科学的奖励制度。科学社会学家默顿提出了科学界的“马太效应”。“马太效应”表明：拥有科学发现优先权的科学家将会得到资源与有利条件，从而在科学发现的过程中始终处于优越的地位。由于原始创新知识具有开辟新领域、创立新学科等显著效果，科学家对原始创新知识的学习与吸收总是不遗余力的。为了获得科学发现的优先权，科学共同体成员在对原始创新知识的学习与扩散中相互竞争、相互激励，从而加快原始创新知识的扩散速度，使原始创新知识迅速内化为科学共同体的意会知识。

二是社会环境。原始创新知识的扩散需要健全的经济、技术和社会环境做支撑，主要包括信息基础设施的构建、相关法律体系（如知识产权、专利制度）的进一步完善、社会知识管理体系和国家创新体系的建设等。此外，促进知识流动还需要培育和倡导形成尊重知识、尊重人才的社会文化氛围，使公众能够充分认识到知识的价值。这些环境因素的建立与完善可在一定程度上加快提高原始创新性知识的扩散速度与质量，提高知识扩散的效率，促进知识使用规模进一步扩大。

三是科学普及。原始创新知识在科学共同体内的传播与扩散较快，而向普通大众的传播与扩散相对较慢。如果能以教材、科普读物、科学产品等形式将原创知识传播给普通大众，特别是具有较高科学创新能力的民间科学家，则原始创新知识将被内化为社会群体的意会知识，加快原始创新知识的转化过程，对于提高整个民族的创新能力具有重要作用。

5.2.3　原始创新的过程与演化机制

国内学者对原始创新的规律与机制研究主要表现为两个方面。一方面，原中国科学院院长路甬祥院士通过对 20 世纪诺贝尔自然科学奖获奖情况进行统计和分析与案例分析，提出了获得原始创新的五大来源。[21] 第一，原始性重大发现多来源于敏锐的观察和独具创意的实验，如 1895 年伦琴射线的发现。第二，新的科学仪器和装置的发明往往可以打开一扇新的科学之门，如电子显微镜和扫描隧道显微镜的发明为 20 世纪材料科学和生命科学研究微观结构提供了新的工具。第三，良好的科学基础和前沿性、交叉性的研究也可能引发重大的科学发现，在偶然中孕育必然，如宇宙背景辐射是在用新型卫星的天线接收系统进行测量时发现的。第四，数学与计算机工具创造性的应用，也可能带来自然科学、工程技术、经济与管理科学在方法与理论上的突破，如海森堡用矩阵方法写成的矩阵力学和薛定谔（Erwin Schrodinger，1887—1961）用代数方法写出的量子力学理论。第五，对已有知识的科学整理与发掘，也可能有新的重大发现与理论创新，如元素周期表便是门捷列夫在前人对大量化学元素研究的基础上总结出来的。另一方面，学者陈雅兰等提出了原始创新的演化机制[22]。他们认为，原始项目是在原始积累、核心人物的战略选择等激发因子的作用下产生的，在符合原创特点的强动力（如核心人物、创新文化、激励机制、原创技巧、科研兴趣、团队协作等）的支撑下运作，如图 5－1 所示。该模型考虑了原始创新的长期性、高度不确定性、成果滞后性等特点。同时，在这样的机制中，不论项目是基础研究还是应用基础研究，都应该寻求与国家经济社会发展目标的最佳结合点，即应缩短与生产实践的距离，以有利于成果转化。

图 5－1　原创的知识流转过程

基于前人对原始创新四个阶段知识的运动方式的分析，我们可以对原始创新的机制作一简要描述。在原始创新孕育阶段主要是进行知识孵化，其中知识准备与知识结构、科学体验是基础，想象力是重要的动力因子。在原始创新的激发阶段主要是进行知识生产，哲学素养、灵感与直觉思维是基础，强调对比喻与类比方法的运用。在原始创新的验证阶段是对知识的评价，虽然科学审美、逻辑与实践的检验是评价基础，但还需要科学的延迟评价。在原始创新的扩散阶段是对知识的传播，科学奖励制度、社会环境影响了原始创新知识传播与扩散的速度和质量，科普的形式与方法可以促进原创知识的扩散。

从知识形成与转移的角度看，原始创新知识经历了四个阶段：意会知识的形成，意会知识向明晰知识的转化，明晰知识向明晰知识的转化，及明晰知识向意会知识的转化。四个阶段之间在时间上依次递进，在逻辑上层层推进，前者是后者的基础和依据，后者是前者的进一步深化与发展。

基于知识螺旋理论的原始创新演化机制可以用图 5－2 表示。

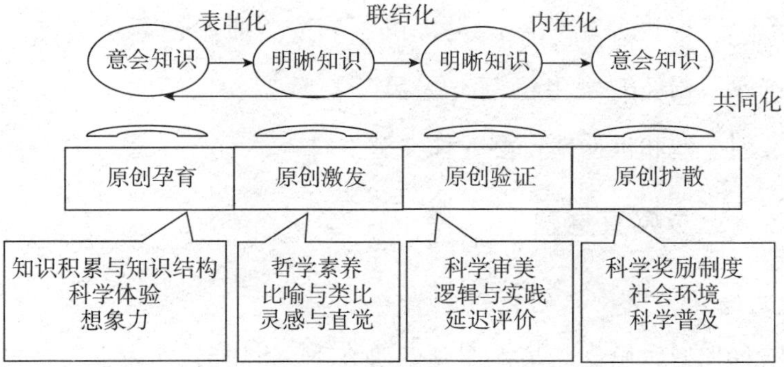

图 5－2 基于知识螺旋理论的原始创新演化机制

原始创新的演化过程大致如下：原始创新的过程起始于原始创新孕育阶段意会知识的形成，此时原始创新思想尚处于模糊、无法言传的状态，必须通过各种方法将意会知识转化为明晰知识，也就是进入第二阶段——原始创新激发阶段。在这一阶段，原始创新知识以新概念、新模型、新理论等形式转换为明晰知识，这个阶段就是知识表出化的过程。由此得到的新概念、新模型、新理论等又必在第三个阶段——原创验证阶段加以检验。在这个阶段，科学评价机制与科学求真态度决定了原始创新知识能否为科学共同体所接受，主要采取逻辑演绎与实验验证等方法。通过质疑、检验，使原创知识逐渐形成系统化的明晰知识，并成为科学共同体的共识，成为做进一步科学研究的基础。在第四阶段——原创扩散阶段，原始创新知识得到充分应用与扩散，从而形成新的理论体系或范式。原始创新知识经过扩散、应用，逐渐内化为科学共同体的意会知识、科学家的技能知识，这样原始创新知识从意会知识开始再回到意会知识中，实现了知识的一次螺旋式发展。当然，这种发展是不断地持续的，使知识不断传递、不断深化、不断发展。

5.3　原始创新的发生机制

前面我们已经分析了原始创新的四个阶段及其演化机制，以下我们结合这四个阶段讨论原始创新的发生机制。按照原始创新孕育与产生的途径，可将原始创新的发生机制分为灵感直觉型、哲学助产型、科学臻美型、交叉创造型和机遇偶得型五种类型。

5.3.1　灵感直觉型

1. 灵感直觉型原始创新的含义

灵感直觉型原始创新是指在科学研究中，借助灵感与直觉的启示寻找到解决问题的症结，从而孕育出原始创新思想的机制与方法。科学史上的大量史实证明，灵感与直觉往往能产生独特和惊人的创造性构思。爱因斯坦说过："物理学家的最高使命是要得到那些普遍的基本定律，然而要通向这些定律并没有逻辑的道路，只有通过那些以对经验的共鸣的理解为依据的直觉，才能得到这些定律。我相信直觉和灵感。"[23] 他本人就有多次这种灵光一现的体会。1905 年的一天晚上，他躺在床上对折磨他多年的时空之谜仍束手无策，感到前途一片黑暗，在绝望中突然出现了灵感，他马上起床伏案疾书。5 个星期后，他的狭义相对论论文终于脱稿了。他说："这几个星期，我在自己身上观察到了各种精神失常现象，像处在狂态里一样。"这就是灵感与直觉在科学家身上的集中体现。

灵感是认识主体在偶然受到某种外来信息的刺激时，突然随机产生的，它常常在不经意间到来。伴随它的往往是被称为“直觉”的特殊心理体验和心理过程，使认识主体的创造力突然之间得以超水平发挥，一下子使感性认识升华为理性认识，从模糊感觉转化为清晰认知，从而顿悟事物的本质，获得具有独创性的认识成果。

2. 灵感激发机制

刘奎林教授对灵感思维进行了深入的研究，他运用系统理论提出了灵感发生系统的微观激发模型[24]。这一模型有三个子系统：信息流系统、突融作用系统和反馈系统。这三个子系统之间的关系：信息系统是基础，突融作用系统是关键，反馈系统是纽带。信息流系统的功能是通过知识积累、分析、选择，使一个信息流从收集到整体形成，从开始收集到发展成熟。汇成的信息流系统是这一微观激发模型的基础。突融作用系统的功能在于用显意识去调动潜意识，共同分析输入的信息流。反馈系统是大脑进行自我调节的必要方式，是指有意识地按照目标方向对灵感进行调控。灵感发生系统的微观模型如图5－3所示。

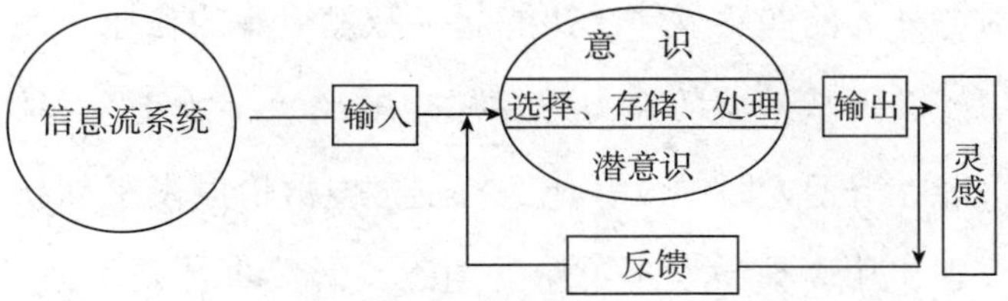

图5－3　灵感发生系统的微观模型

资料来源：刘奎林．灵感：创新的非逻辑思维艺术［M］．哈尔滨：黑龙江人民出版社，2003.

3. 灵感触发的几种情况

灵感往往是在创新主体对问题苦苦思索时产生的。对科学问题的长久沉思，对解决问题的热切渴望，加上一定的知识积累是产生灵感的重要前提。美国著名发明家爱迪生有一句名言：“天才是99%的汗水加上1%的灵感。”可见，灵感是长期积累、探索的结果。通过研究科学史中的原始创新案例，笔者总结了灵感触发的三种情况。

（1）梦境启发。在科学研究过程中，借助梦境的启发产生灵感的事例中最著名的就是凯库勒（August Kekule，1829—1896）的苯环结构猜想。凯库勒在梦中看到蛇咬住自己的尾巴形成了一个环形，醒来后他大脑中闪现了一个念头：苯的碳原子结构会不会是环状的？这个梦境的启发使他做出化学直觉判断，导致了有机化学方面的重大发现。

现代脑科学的研究表明，脑电波存在一种被称为“西托”的状态。美国堪萨斯州曼灵格基金会的格林（E. Green）博士认为，一个人的身心在进入似睡似醒的状态时，脑电图显示出一系列长长的，频率为 4 ~ 8 周的电波，科学家称这种状态为“西托”，在“西托”状态中做梦常常会迸发出创造性灵感[25]。这种“西托”式的梦境，只有在思考问题的焦点明朗，思索紧张，以至于达到寝食不安的程度时才易于出现。因此，并非一切梦境都能引发灵感，我们应当创造条件，为产生“西托”式梦境提供机会。

（2）偶然事件的激发。当创新主体对研究的问题处于百思不得其解的困惑状态时，外界的偶然事件往往能起到激发灵感的作用。例如，牛顿的万有引力思想、阿基米德的浮力定律思想的灵感都源于一些偶然的事件。偶然事件可能在普通人眼中没有什么特别，但恰恰触发了创新主体苦苦寻觅的解题线索，从而被激发了灵感。当然，偶然事件是可遇而不可求的，灵感激发的关键还在于对问题的长期思考。

（3）情境转移。灵感的触发除了基于艰苦的劳动外，还需要一定的激发条件。灵感通常是在紧张思考活动之后转入某种精神松弛状态时出现的[26]，即做到“一张一弛”，紧张之余适当放松调整有助于灵感的产生。长久思考一个问题而不得其解时，应利用各种方式转换情境，制造宁静愉悦的心境，常见的方式有散步、旅行、运动、休养、聊天等，如海森堡的“测不准原理”思想正是他在生病休养期间形成的。宜人的环境、宁静的心态客观上刺激了创新主体灵感的产生。

5.3.2 哲学助产型

哲学助产型原始创新是指在科学研究中，借助哲学的洞察力与批判力发现原有理论的缺陷与不足，通过修正、完善、重构等方式获得原始创新思想的机制与方法。伟大的科学家在做出重大科学原创的过程中，往往从先哲富有哲理的思想中得到深刻的启迪。例如，日本著名物理学家汤川秀树（Yugawa Hideki，1907—1981）认为，中国先哲老子和庄子对自己的物理思想的形成有着深刻的影响[27]。他从《庄子·应帝王》的一则寓言中得到了启示，悟出了基本粒子的背后，也就是物理学家想达到的最基本的物质形式，也许就是这则寓言中所说的“中央之帝”“混沌”。奥斯特（Hans Christian Oersted，1777—1851）深入研究了德国哲学家谢林（Friedrich Schelling，1775—1854）的自然哲学思想，接受了他的基本观点：所有的自然力都是由同一原因引起的。在这种哲学信念的支持下，他成功地揭示了电、热、光和化学效应之间的联系。爱因斯坦承认自己的相对论思想受益于马赫哲学。

许多做出重大科学原创的科学家都具有较高的哲学素养。他们自觉学习哲学，主动到先哲那里汲取思想营养，善于吸收优秀的哲学成果，是具有哲学气质的自然科学家。系统论的创始人贝塔朗菲（Ludwig von Bertalanffy，1901—1972）多次表示，“马克思和黑格尔等人的辩证法”是一般系统理论的先驱。爱因斯坦认真学习过斯宾诺莎、休谟、马赫、彭加勒等的哲学著作。可以说，他们在科学上的重大贡献得益于其深厚的哲学素养。哲学对原始创新的辅助功能在现代理论物理学的发展中日益凸显其重要性。玻恩说过：“每一个现代科学家，特别是理论物理学家，都深刻地意识到自己的工作是同哲学思维错综复杂地联系在一起的，要是对哲学文献没有充分的知识，他的工作会是无效的。”[28]

哲学的辅助作用更多地表现在理论研究，如理论物理学与数学领域之中，这与哲学学科的抽象思辨特点相关。具体来说，哲学对原始创新的启示主要表现在两个方面。

（1）以彻底的哲学批判精神反思科学理论的缺陷。在某个特定的研究领域中，对科学权威提出的或已经得到普遍认可的理论或方法提出质疑，对理论的前提、公理性假设及其相关背景知识进行批判性反思，发现其中的缺陷和问题，从而对该理论进行补充、完善，甚至是彻底的决裂，最终形成新的理论或方法。例如，爱因斯坦狭义相对论思想的形成就是建立在对牛顿理论的公设——绝对时空的批判之上的。

以纳什（John Nash）在博弈论中的原始创新为例。博弈论是由数学家冯·诺依曼（John von Neumann，1903—1957）创立的一个新的数学分支，他和莫根·施耐恩合作的《博弈论和经济行为》是博弈论的经典著作。纳什在研究中发现，这一著名理论中存在两大缺陷：一是这一理论并不能成功解决重大的经济学问题，与冯·诺依曼之前提出的极大极小定理相比，也没有新的突破；二是该理论最完善的部分是两人零和博弈，而这种完全冲突的博弈在现实世界中没有太大的用途。几年以后，经过运用相关的数学、经济学原理，纳什发表了著名的均衡定理。纳什定理不仅可以看成对冯·诺依曼定理的一种扩散，同时也是一种彻底的决裂，因为他引入了合作博弈和不合作博弈的区别。通过将这一理论扩展到牵涉各种合作和竞争的博弈中，成功地打开了将博弈论应用到经济学、政治学、社会学乃至进化生物学的大门。

（2）以坚定的哲学信念从事科学研究。哲学信念是科学家从事科学研究的精神伴侣，科学研究活动与其他人类文化活动一样，是需要以一些信念作为研究前提和基础的，这些信念是科学研究的先决条件，它们构成了指导科学探索的总的世界观或哲学背景。客观世界的存在性与可知性是自然科学家的基本哲学理念。正如爱因斯坦所说：“相信有一个离开主体而独立的外在世界，是一切自然科学的基础。”科学家必须坚信世界的可知性，相信通过科学实践可以逐步认识自然界。这些基本的哲学信念是对唯物论与辩证法的反映，在具体的科学研究中，科学家总是依据特定的哲学信念从事工作。例如，贝塔朗菲的一般系统论来源于 20 世纪 20 年代的机体论。1924—1928 年，他多次发表文章主张要把有机体当成一个整体或系统来考虑，他从哲学先驱那里汲取了许多思想，把协调、秩序、目的性等许多概念用于有机体，为形成一般系统论奠定了基础。

5.3.3　科学臻美型

科学臻美是指在科学研究中，把对美的追求放在思维首位，通过满足对科学内在美的要求而对科学对象进行加工、修改以至于重构，达到使科学对象趋于完美的一种思想或方法。哥白尼说过：“在哺育人的天赋才智的多种多样的科学和艺术中，我认为首先应该用全副精力来研究那些与最美事物有关的东西。”科学美与原始创新之间密切相关。“我们认为美的事物之所以能引起人们的喜悦，就是由于里面包含了人类的一种最珍贵的特性——实践中的自由创造。”[29]

科学的一系列重要活动，包括科学事实的发现、科学原理的建立、科学理论的评价，都表现为一种审美活动。例如，狄拉克出于对数学对称美的信念预言了正电子的存在；海森堡发现原子定态的能级数可能排列成对称、和谐的形式，确立了量子力学的矩阵方程；爱因斯坦狭义相对论、广义相对论的建立得益于从自然界蕴含的崇高、庄严和令人敬畏的秩序美、和谐美中获得的启示，并提出了理论评价的内部层次与外部层次。在爱因斯坦的理论评价中，内部层次的评价判断依据的是理论内在的概念结构，就是有关理论的“自然性”或简单性；外部层次的评价判断依据的是该理论与经验数据之间的关系[30]。对科学理论“自然性”的追求实际上源于对自然美的追求，它包含对世界的秩序性、规律性、和谐性与统一性的理解，是科学审美精神的本质体现。由此可见，爱因斯坦的理论评价的内部层次实际上是一种审美标准。

科学臻美遵循其自身的逻辑规则：审美逻辑。审美逻辑研究意象思维形式及其规律。我们知道，概念是形式逻辑的“细胞”，推理是形式逻辑的核心问题，而审美逻辑与形式逻辑不同，想象是审美逻辑的“细胞”，想象和直觉的矛盾运动，以及在此基础上形成的审美判断、审美推理，构成了审美逻辑的主线[31]。审美逻辑的推理结构如图 5 –4 所示。在图 5 –4 中，横轴 t 表示时间，纵轴 L 表示理性高度。从 A 至 C 表示想象的发展方向，其中 1、2、3、4……表示随着时间推移想象发生的次数。各次数之间的间隔是不等距的，有大有小，表示在创造中既有想象频繁集中的时刻，也有想象沉寂进行孕育的时刻。与次数相对应的虚线，表示否定型直觉。直觉高潮是 BC，它是一个肯定型直觉，用实线表示，亦即灵感产生之处。AB 曲线表示推理，由低向高不断上升构成了思维的运动[32]。

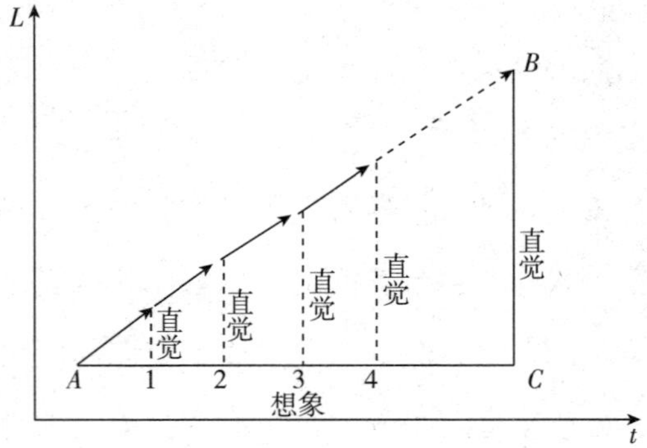

图 5 –4　审美逻辑的推理结构

资料来源：刘仲林．中国创造学概论［M］．天津：天津人民出版社，2001.

5.3.4　交叉创造型

当代科学发展呈现出高度分化与高度融合的双重特点，一大批新兴交叉学科兴起，很多原始创新都是从学科之间的边缘地带产生的。据统计，现在已有的交叉学科数目超过2000门，如分子生物学是物理学与生物学的交叉研究。从学科交叉中孕育新思想、新问题是科学原创产生的一条重要途径。

学科交叉是学术思想的交融，是系统辩证思维的体现。自然界的现象复杂多样，仅从一种视角研究事物必然具有很大的局限性，既不可能揭示其本质，也不可能深刻地认识其全部规律。因此，唯有采取学科交叉的方式进行跨学科研究，才可能形成正确完整的认识。著名物理学家海森堡认为，在人类思想史上“重大成果的发现常常发生在两条不同的思维路线的交叉点上”。1953年，生物大分子DNA双螺旋结构的发现就是由化学家鲍林（Linus Carl Pauling，1901—1994），生物学家沃森和物理学家克里克（Francis Harry Compton Crick，1916—2004）、富兰克林（R. Franklin，1920—1958）和威尔金斯（M. Wilkins，1916—2004）等合作的结果。这表明在学科、理论之间发生相互作用、相互渗透形成了新的科学生长点。

解恩泽教授总结了交叉科学的形成机制：单向移植、双科交融、多元综合、侧面断析等多种形式[33]。移植是交叉产生和发展的一条有效途径。移植就是将既有的科学理论方法或手段运用于正在探索的课题中，从而有所创新。贝弗里奇认为，把一门学科的概念扩散移植到另一个领域，也许是科学研究中最有效、最简便的方法。刘仲林教授指出交叉科学自身发展的六种方法：辐射方法、移植方法、辐集方法、比较方法、类比方法和臻美方法[34]。各学科之间通过形成机制与方法孕育出新兴的交叉学科，为原始创新开辟了新的方向与思路。

5.3.5　机遇偶得型

所谓“机遇”是指在科学研究与发明创造的过程中，由于偶然的、意外的事件导致科学发现或技术发明的现象。历史上一些重大的科学与技术原创均得益于机遇的启示。化学家珀金（W. H. Perkin，1838—1907）无意之中制成了苯胺紫染料，物理学家伦琴意外地发现 X 射线，美国射电天文学家阿诺·彭齐亚斯（Arno A. Penzias）和威尔逊（Robert W. Wilson）发现 3K 微波辐射背景，这些都是机遇导致原创的经典事例。贝弗里奇说过：“也许绝大部分生物学和医学上的新发现都是意外作出的，或至少含有机遇的成分，特别是那些最重要的和最革命性的发现。”[35]

机遇可表现为两种：一种是部分意外机遇，这是指科学探索、发明创造的目标虽是明确的，但获得结果的场合或方式却是意外的；另一种是完全意外机遇，也就是所谓的“有心栽花花不开，无心插柳柳成荫”。

机遇的最大特点是意外性与偶然性，它一方面为科学研究提供了许多线索，另一方面为科学发展提供了许多新的生长点。机遇的出现有其客观依据。科学认识是一种探索性的活动，创新主体在一定的理论指导下进行有目的的科学观察和实验，并对要认识的结果有所预期或预测。然而，由于认识对象的复杂性和人们认识的局限性，许多意外因素会影响主体偏离原来设定的认识轨道，使认识过程带有偶然性特点。辩证唯物主义告诉我们，事物的发展总是必然性与偶然性的结合，必然性要通过偶然性表现出来，偶然性又以必然性为基础。机遇的出现既是偶然性的体现，其背后又隐藏着深刻的必然性。

科学发现的历史表明，机遇对于原始创新的出现起着重要的作用。“但另一方面，即使在那些因机遇而成功的发现中，机遇也仅仅起到一部分的作用。”[36]正如巴斯德所说：“在观察的领域中，机遇只偏爱那种有准备的头脑。”所谓“有准备的头脑”是指创新主体要有充分的知识储备、敏锐的观察能力、高超的分析能力等。我国著名数学家华罗庚曾说：“如果说，科学上的发现有什么机遇的话，那么，这种偶然的机遇只能给那些学有素养的人，给那些立于不败之地独立思考的人，给那些具有锲而不舍的精神的人，而不会给懒汉。”[37]

本章参考文献

[1][13][29][31][32]刘仲林. 中国创造学概论[M]. 天津:天津人民出版社,2001.

[2][3][4][5][6][35][36]贝弗里奇. 发现的种子:《科学研究的艺术》续篇[M]. 金吾伦,李亚东,译. 北京:科学出版社,1987.

[7][16]野中郁次郎,竹内弘高. 创造知识的企业:日美企业持续创新的动力[M]. 李萌,高飞,译. 北京:知识产权出版社,2006.

[8]陈雅兰,李必强,韩龙士. 原始创新的界定与识别[J]. 发展研究,2004(7):78.

[9]奇凯岑特米哈伊. 创造性:发明和发现的心理学[M]. 夏镇平,译. 上海:上海译文出版社,2001.

[10]韦伯. 学术生涯与政治生涯[M]. 王容芬,译. 北京:国际文化出版公司,1988.

[11]徐飞. 科学交叉论[M]. 合肥:安徽教育出版社,1991.

[12]贝弗里奇. 科学研究的艺术[M]. 北京:科学出版社,1979.

[14]海森堡. 原子物理学的发展和社会[M]. 马名驹,译. 北京:中国社会科学出版社,1985.

[15]库恩. 科学革命的结构[M]. 金吾伦,胡新和,译. 北京:北京大学出版社,2003.

[17]傅世侠. 创造[M]. 沈阳:辽宁人民出版社,1985.

[18][24][25]刘奎林. 灵感:创新的非逻辑思维艺术[M]. 哈尔滨:黑龙江人民出版社,2003.

[19][20][30]麦卡里斯特. 美与科学革命[M]. 李为,译. 长春:吉林人民出版社,2000.

[21] 路甬祥. 规律与启示:从诺贝尔自然科学奖与 20 世纪重大科学成

就看科技原始创新的规律[J]. 西安交通大学学报(社会科学版),2003(4):3.

[22]陈雅兰,韩龙士,王金祥,等. 原始创新的影响因素与演化机制探究[J]. 科学学研究,2003(4):436-437.

[23][26][28][37]陈敬全. 启示之光:科学发现的契机[M]. 合肥:安徽教育出版社,2005.

[27]汤川秀树. 创造力和直觉:一个物理学家对于东西方的考察[M]. 周林东,译. 石家庄:河北科学技术出版社,2000.

[33]解恩泽,等. 交叉科学概论[M]. 济南:山东人民出版社,1991.

[34]刘仲林. 现代交叉科学[M]. 杭州:浙江教育出版社,1998.

第6章　原始创新的主体与思维

原始创新的主体是指从事原始创新活动的承担者，创新活动离不开创新的主体：创新人才。在科学创新活动中，先进、强大的物质和技术手段具有重要的作用。但是，科学原始创新活动最重要的因素始终是人的创造性大脑。相比一般性创新，原始创新活动对创新主体的科学素养与思维品质有更高的要求。本章将主要分析原始创新主体的特点及其思维品质要求。

6.1　原始创新的主体

一般来说，主体包括两层含义：①从认识论来看，主体是从事认识和实践活动的人，既可以是个人，也可以是组织；②从在事物存在和发展中所处的地位来看，主体又指在组成事物整体的诸要素中最基本的、最主要的部分，带有较明显的实体性。本章所讨论的主体主要是从第一层含义理解的，即原创的主体是指作为原始创新活动的承担者。从事原始创新活动的科研团体是由科学家组成的，先从个体入手便于深入地分析和研究。因此，我们首先要分析的是从事原始创新的科学家与一般创新主体相比具有哪些特点，他们的思维方式与一般创新主体的有无差别，这些问题都是研究原始创新活动时需要加以探讨的。

原始创新不同于一般的发明创造，它对原创主体的科学素养有很高的要求。中国社会科学院金吾伦研究员对科学家的科学素养问题进行了深入的研究。他认为，科学家的科学素养包括科学涵养与基本品质。科学涵养主要表现在两个方面：一是科学家对科学及其内涵的理解，二是科学家的科学创新能力。

6.1.1 原创主体的科学涵养与基本特点

一般在科学上有杰出贡献的人都对科学有深刻的理解，科学家的科学成就与他对科学的理解程度密切相关。科学的内涵是指理解科学本质、科学精神、科学结构、科学假设、科学理论、科学推理、科学方法、科学实验，助发现法（heurictics）等与科学活动相关的内在结构与规律。实际上是指科学家对科学探究过程与方法的理性认识。20世纪的两位科学巨人爱因斯坦与玻尔的争论，实质上反映了他们对科学内涵的不同理解，隐藏在争论背后的是哲学旨向的不同。

科学家的科学素养还体现在科学家的创新能力上。获得重大科学成果、提出独创性重大建议、发现和提出重大科学问题等，都可以作为衡量科学家科学素养的具体内容。科学的本性在于创新，科学的发展过程既是获取知识和认识真理的探索过程，也是科学创新的过程。科学家的科学素养深深地扎根于对科学创新的实践中，表现在科学原创的成果中。

众所周知，诺贝尔自然科学奖作为反映科学家科技原始创新能力的重要指标，在科学共同体中占有特殊的位置。通过分析诺贝尔自然科学奖获得者的成功原因，可以从一个侧面挖掘出原创主体的特点。在前人研究的基础上，通过分析20世纪诺贝尔自然科学奖获得者的传记与相关著作，我们总结出原创主体具有以下三个特点。

1. 在一流科研机构学习或研究的经历

从对20世纪诺贝尔自然科学奖的获得者的研究中可以发现，原创成功者大多有在一流科研机构学习或研究的经历。这种经历可以让原创主体感受到创新氛围的潜移默化，感受到优秀同行的相互竞争与相互激励，其结果会产生相互了解、彼此启发的作用。从客观上说，科学奖励中的“马太效应”也充分体现在这里。一流科研机构拥有一流的学术带头人，先进的科研设备，充足的资金，宽容、自由的学术氛围。这些都无疑成为激发原创产生的有利条件。吴大猷在谈到化学家李远哲获得诺贝尔化学奖时说：“李远哲能获奖的关键因素，最重要的应该是他在哈佛大学做博士后研究时，跟着哈佛的教授郝许巴克进行分子束的实验研究，并且走出了自己的路，开创了新的研究领域。”

2. 丰富的想象力与高超的直觉思维

诺贝尔奖得主的思维特点一般是具有丰富的想象力与直觉思维，想象力是科学原创成功的重要因素。爱因斯坦认为：“想象力比知识更重要。因为知识是有限的，而想象力概括着世界上的一切，推动着进步，并且是知识进化的源泉。严格地说，想象力是科学研究中的实在因素。”[1] 丰富的想象力是科学创新的必要条件。

直觉时常出现在科学原始创新活动中，日本著名科学家汤川秀树（Yugawa Hideki，1907—1981）非常重视直觉在科学中的作用。他说：“人类必须从直觉或想象开始，然后他才能借助于自己的抽象能力前进。”[2] 普朗克（Max Planck，1858—1947）强调了想象与直觉的共生性。他说：“每一种假说都是想象力发挥作用的产物，而想象力又是通过直觉发挥作用的。”在科学探索的过程中，创造中的直觉就是没有完整的传统逻辑过程相伴随而发生的对想象组合瞬时的、直接的选择（判断）[3]。这种直觉往往带有鲜明的美感特点，体现了原创主体的审美判断。

3. 哲学修养与理论思维能力

哲学修养是衡量科学家理论深度的一个重要指标。我国学者李醒民提出了“哲人科学家”的概念。所谓“哲人科学家”，就是作为哲学家的科学家或科学思想家，是在哲学与科学领域都有很深造诣的学者[4]。一般来说，原创主体也是哲学科学家，因为原创的深邃需要哲学思维的透视与洞察，需要哲学彻底的批判态度。科学史上做出重大科学原创的科学家如牛顿、爱因斯坦、海森堡、玻尔等，都在哲学与科学的领域中有过突出的贡献。著名物理学家马克斯·玻恩（Max Born，1882—1970）曾指出："每一个现代物理学家……都深刻地意识到自己的工作是同哲学思维错综地交织在一起的，要是对哲学文献没有充分的知识，他的工作就会是无效的。在我自己的一生中，这是一个最主要的思想。"[5]理论思维能力也与哲学思维有紧密的联系，深厚的理论修养是原创主体的基本科学素养之一。因为原创主体的创新不是个别的、局部的、修修补补的改良，而是在观念上的突破，可能改变一门学科的结构甚至引发科学范式的转变。原创主体的可贵之处在于，他能够通过运用哲学的思辨提炼出新观念、新法则、新原理与新规律。

在现代科学发展中，学科交叉成为重要的创新源泉。在不同学科的中间地带寻找新的生长点，把一些看似不相关的观念联系起来，组合成一个新观念，就可能在学科的边缘地带获得原始创新的科学成就，这种综合、交叉的思维方式需要高度的理论思维能力。原创主体不仅是专家学者，更是思想家。他们关注意义重大、影响深远的未知领域并随时准备投入进去，他们不仅在自己的分支领域内成绩卓著，就是在一些看似不相关的其他领域也能一展才华。物理学家薛定谔（E. Schrodinger，1887—1961）所著的《生命是什么?》对生物学的研究方向产生了重要的指导作用，客观上促成了生物学与物理学的"联姻"。

6.1.2 原创主体的品格特点

爱因斯坦强调品格对科学研究的重要性。1935年，他在一次纪念居里夫人的会议上说："杰出人物的道德品质可能比纯粹理智的成果对一个时代，以及整个历史进程所具有的意义还要大。不仅如此，甚至后者的取得也要在极大程度上依赖于道德境界，而且这种依赖程度比通常认为的大得多。"[6]

原始创新的高难度性对原创主体的品格有很高的要求：对自然的浓厚兴趣与好奇心，彻底的批判精神与怀疑精神，高度独立的思考能力和正确的科学方法，以及善于抓住稍纵即逝的科学机遇的能力。

1. 强烈的好奇心

“好奇或好奇心是对自己所见到的不了解而又向往了解的事物和现象的一种新奇感或奇妙感，它是由外界事物和现象的刺激引起的一种积极的情感状态和认识倾向。”[7] 拥有强烈的好奇心是科学原创主体的基本品质。从科学家的传记中我们不难发现，著名科学家如伽利略、居里夫人、牛顿等从小就具有超出常人的好奇心。爱因斯坦在总结自己的科学经验和科学成就时也深刻地指出：“我没有特别的天赋，我只是有强烈的好奇心。”

强烈的好奇心对于原创主体的成长与创新有着重要作用。在认识事物的过程中，好奇心使原创主体孜孜不倦地对特定的事物进行长时间和深入的观察，激励人的认识不断深入，直到把握事物的本质。强烈的好奇心能激发强烈的求知欲望，好奇心愈强烈就愈渴求揭示事物和现象的本质与规律。贝弗里奇（W. I. B Beveridge）指出：“科学家通常具有一种强烈的愿望。要去寻求其间并无明显联系的大量资料背后的那些原理。这种强烈愿望可被视为成人型的或升华了的好奇心。热衷于研究工作的学生往往是一个具有超乎常人好奇心的人。”[8] 强烈的好奇心还能激发人们进行积极的思考，并引导人们发现和提出各种问题。科学哲学家波普尔（Karl Popper，1902—1994）认为，问题是科学研究的起点。笔者认为，强烈的好奇心则是原创主体开始原始创新活动的起点。从心理学看，强烈的好奇心能激发科学原创主体对新奇事物与现象的高度注意，使思维活动进入一种集中的、具有一定指向性的积极状态，从而主动地观察和了解引起新奇感的事物和现象，认识、把握这种事物和现象的本质及规律。

在科学原始创新活动中，永不满足的好奇心引导着原创主体不断地注意引起新奇感的事物和现象，不断地研究、探索新的领域和问题，不断地取得创新成果。

2. 彻底的批判精神与怀疑态度

所谓批判，就是站在一个更高的层面上审视历史和现实，进行理性分析和解剖，以期发现问题、解决问题，进而通过创造新的事物来改变现状，推动社会发展。波普尔认为，科学的根本特征是科学的不断进步。因此，科学的全部生命力，科学之所以成为科学，并区别于一切非科学，就在于科学知识的不断增长与进步。科学进步的实质在于人们用更好的、更简洁统一的原因说明更多的自然现象。很显然，这就要求科学工作者必须具有强烈的怀疑和批判精神。在“常规科学”时期对其他原因进行怀疑和批判，大胆地提出自己的解释原因；在科学“反常”时期对问题的前提进行怀疑和批判，勇敢地提出新的解释。如果没有对托勒密“地心说”的怀疑和批判，就没有哥白尼“日心说”的创立；如果没有对牛顿经典物理学的“绝对时空观”的怀疑和超越，就没有爱因斯坦“狭义相对论”的出现。“科学的本质在于，它是人们对自然现象产生原因的一种猜测或解释，而以这种猜测或解释为前提推导出的公式、定律等可以得到人类经验的证实。”[9]因此，科学的进步必然依赖于科学研究者的批判与怀疑精神。

彻底的批判精神要求批判者具备思想、人格和精神的独立性，因此批判活动所包含的丰富内涵和积极意义远远大于批判本身。批判的前提是敢于怀疑、敢于挑战科学权威，而理性的怀疑是科学批判的基础。一般而言，新思想、新理论的提出总是在对旧思想的怀疑、批判和否定的过程中实现的。

科学研究始于问题，需要研究者具备良好的“问题意识”。所谓“问题意识”，实际上就是一种寻根究底的精神、一种革新的批判精神。“问题意识”要求原创主体以科学、批判的眼光看待各种事物，这样才可能使自己不受传统观念的束缚。贝尔纳曾说：“构成我们学习最大障碍的是已知的东西，而不是未知的东西。”因此，只有具备彻底的批判精神，敢于怀疑、勇于挑战，原创主体才能克服种种困难和阻碍取得创新成果。

3. 较强的思维独立性

从事科学原始创新活动必须具备较强的思维独立性，善于独立地进行思考，这是从事原始创新活动不可缺少的思维品质。历史上凡是有重大发现、发明、创造的人，都明显地具有这种思维品质，如哥白尼、伽利略、牛顿、法拉第、爱因斯坦等。原始创新由于其高度创新的特点往往超越了时代的发展水平，超出了一般科学家的理解水平与接受标准，人云亦云或亦步亦趋不可能产生真正的科学原创。英国物理学家法拉第（Michael Faraday，1791—1867）说过：“科学家必须善于倾听各种不同的意见，但又必须自己做出判断。科学家不应由于表面现象而采取偏颇的立场，他不应有先入为主的假说，他不应属于任何学派，不崇拜任何权威。他不应是个人的崇拜者，而应该是事物的崇拜者。”

爱因斯坦的科学研究历程充分体现了独立思考的可贵之处。19 世纪末 20 世纪初，物理学家都沿着解释迈克耳逊实验的思路摸索未来物理学进步的道路，唯独爱因斯坦从一个理想实验出发进行了物理学的革命；当德国科学家普朗克提出量子假设后，几乎所有物理学家甚至包括普朗克本人，都将“量子”视为经典物理学的一个“怪胎”，唯独爱因斯坦继续运用普朗克的量子概念提出了光量子论，从而开辟了光学研究的新思路；哥本哈根学派从观察经验和实验事实入手确立和发展了量子力学，而爱因斯坦从自己的哲学观出发主张从普通原理出发建立量子理论；当大多数物理学家在量子力学领域中取得一个又一个的突破时，爱因斯坦却独自开创了统一场论的研究方向。可以说，较强的思维独立性是爱因斯坦进行科学原创的一个重要因素。

4. 坚忍不拔的探索精神

探索精神是由作为科学研究对象的客观世界的无限性和复杂性决定

的。客观世界的展现是一个不断深入、不断发展的过程，科学探索也是一个不断深化、不断进步、永无止境的过程。科学研究不仅是一种智慧的劳作，也是一种精神的探险，只靠聪明的大脑是不够的，还需要拥有坚忍不拔、不怕失败、不怕困难，敢于向困难挑战的精神。在科学研究与创新的过程中要有一种顽强执着、锲而不舍的探索精神。任何一项科学发现和发明既不是凭空出现的，它们都经历了“实践—认识—再实践—再认识”这样一个完整的过程；也不是一帆风顺的，它们都经历了“不断探索真理—不断追求真理—不断坚持真理”这样一个艰难的过程。

爱因斯坦的科学原创成果是他不懈探索的自然结果，如果没有科学上持久不懈的探索，便不会有成果的经久不衰。人们不仅应该赞美爱因斯坦丰硕的科学成果，更应该赞美他不懈探索的治学精神。科学探索，是人类精神的最高表现，不懈的探索更需要最崇高的精神和最深邃的智慧，因而在人类历史上，只有像马克思与爱因斯坦这样极少数的研究者，才可以称得上“彻底的探索者”。坚忍不拔的探索精神是原创主体的一个重要素质与品格[10]。

5. 敢于失败的冒险精神

原始创新是没有先例的，是开创性的行动，面对的是巨大的不确定性空间。不确定性是指并不知道未来事件概率的状态。“管理学之父”彼得·德鲁克（Peter F. Drucker，1909—2005）认为，创新有着独特的风险与内在的不可预见性，它是变化不定且难以控制的。创新中蕴含着风险。国外技术创新理论的研究表明，即使是在技术创新初始阶段的技术开发过程中，也包含着失误风险、中断风险、时间风险、竞争风险、市场风险等。因此，原始创新本身就是冒险，原始创新需要具备冒险精神。冒险精神就是追求成功且不怕失败，在失败的可能中谋求成功，勇于创新又承担代价，以必要的代价换取利益。正如诺伯特·维纳（Norbert Wiener，1894—1964）所说：“就统计而言，我们需要的是一个数量足够、情况相似的样本，使研究者不仅观察到哪些是例外的，而且能注意到哪些是有规律的。真正伟大的科学发现，不仅是探索巨大的可能性的冒险，而且更是挑战不可预言的可能性的赌博。”[11]

科学研究在本质上是探索性的事业，要打开未知世界的大门，必须经过多侧面、多层次、多途径的试探。由于科学研究的复杂性，导致失败往往无法避免，这就要求原创主体要敢于尝试、敢于冒险，善于从失败中总结经验、调整方向、不断向成功的方向迈进。诺贝尔奖得主的身上普遍具有这种不怕失败，敢于冒险的精神气质。默顿说过：“在这些活动中，他们表现出高度敢冒风险的坚定意志。他们做好了准备去处理尽管难度大但很重要的问题，而不是去解决容易和没有风险的问题。”[12]

冒险精神是原创主体必备的素质之一。当然，强调冒险精神并非鼓吹胡来和蛮干，而是提倡一种与科学精神相统一的精神，是在理性指导下的精神。

以上有关原创主体的品格要求其实内在地结合在科学家的个性之中。强烈的好奇心与科学探索精神相互联系，高度的独立性与批判和怀疑态度紧密相连，冒险精神是探索精神与批判精神的结合。因此，它们之间相互联系，共同构成原创主体的创新精神。

6.2　原始创新思维

原创主体通过创造性思维进行科学研究与探索，因此科学创新和技术发明都是创造性思维的产物。当在同等条件下进行同样性质的工作时，善于运用创造性思维的人往往比那些只会按常规方式工作的人表现得更为优异，或者在工作速度上耗时少而成效高，或者在工作质量上会创造出意想不到的效果。

6.2.1　创造性思维的理论研究

“创造性思维是思维的高级综合活动，是创造者在已有的知识和经验的基础上，从某些事实中寻求新关系，找出新答案，创出新成果的思维过程。”[13] 目前关于创造性思维的研究还没有一种为大众所公认的理论。苏联心理学家彼得罗夫斯基指出：“在哲学认识论一般原理基础上，人类思维由两门相互补充的具体特殊科学，即形式逻辑和心理学来研究。”[14]

从今天的角度看，不仅逻辑学和心理学研究思维，而且哲学、创造学、脑科学、计算机科学、语言学等都研究思维，思维科学作为一门独立的新兴学科正在崛起。

从历史的角度看，心理学对思维的研究具有代表性。

自 20 世纪初期以来，心理学各个学派对创造性思维都有较为深入的研究，如格式塔理论、联想主义、精神分析、人本主义等学派都从各自的理论框架出发，解释创造性思维。格式塔理论学派也称“完形心理学学派”，其认为创造性思维产生于顿悟，是对事物内部整体关系明晰化的行为表示。联想主义以观念的联想为根据，认为创造性思维能力所起的作用来自观念的联想，即将一般平凡的零星观念组合起来而成为非平凡的观念，可导致寻找到创造的途径。精神分析学派的首创者弗洛伊德提出用动力系统的升华作用来解释创造性行为。弗洛伊德认为，升华作用发生于克服无意识冲动产生的“力比多”（libido）的转移。人本主义学派的代表人物马斯洛从创造者的人格入手，认为创造性思维是个人在实现自我价值、自我的完整性、健全性等过程中表现出的能力[15]。

1959 年，美国心理学家吉尔福特（J. P. Guilford，1897—1987）在智力操作分析中提出了发散性思维和收敛性思维的概念。他认为，发散性思维是从所给的信息中产生信息，从同一来源中产生各式各样众多的输出。通俗来说，发散性思维是指以一个问题为中心，朝多个方向推测、想象、假设的试探性思维过程，这是一种与想象力、直觉力密切相关的开放式思维。吉尔福特认为发散性思维是创造性思维的代表形式。

从现代观点看，创造性思维可以分为两大类：概念思维与意象思维。

创造性思维的类型如图 6 – 1 所示。

- 创造性思维
  - 概念思维（概念、判断、推理）
    - 形式逻辑
    - 辩证逻辑
  - 意象思维（想象、直觉、灵感）
    - 形象思维
    - 灵感思维

图 6 –1　创造性思维的类型

6. 2. 2　原始创新思维的特点

创造性思维按照创新难度可分为三个层次。第一个层次是模仿性创新，主要是指自觉地实现超越自我所取得的新认识，或者在模仿前人的基础上取得部分突破。第二个层次是常规科学时期的科技创新，主要是指对原有概念、理论、数据的改良与精确化过程。第三个层次是最高层次，是指在广度上能自觉地开辟一个新领域、新天地，在深度上能创造性地提出超过当代智力水平的划时代的新发现、新发明、新理论。亚里士多德的形式逻辑、哥白尼的“日心说”、培根的归纳逻辑、牛顿的力学体系、爱因斯坦的相对论等都属于第三个层次。这些新发现、新发明、新理论在提出时大多超出同时代人的理解力而不被接受，往往要经历相当长的时间才最终为社会所认同。

原始创新思维就属于创造性思维的第三个层次，是高级的创造性思维。同一般创造性思维相比，原始创新思维有自身的特点，具体如下。

1. 超越性

原创思维具有超越性，这有以下两个原因。第一，原创思维的成果一般是经过长期的科学实践与理论沉思获得的。在科学实践中，原创主体充分运用想象、直觉，实现对客体、时空等的超越。例如，爱因斯坦创立狭义相对论前，一直在思考追光的思想实验，这种超越现实与时空的思索一直持续了 10 年的时间。当思维的沉淀达到饱和状态时，必然借助灵感思维产生新观点，实现对传统理论的超越。第二，原创主体一般具备丰富的想象力。想象本身就体现了从此物到彼物的跨越，它超越了客观现实和时空的限制。这种超越主要是对表象现实的超越，即原创思维从对现实发展过程的反映出发，可以指明前进的方向并预见未来。一般来说，思维是落后于存在的，但是在一定的条件下，思维是可以超越现实的。思维是一种特殊的高级类型的反映活动，它最重要的特点就是不仅能够反映表象的、当前的现实，而且能够反映隐藏在其中的倾向性、可能性，反映未来的现实，并且通过思想、计划、理论和方法等把它们转化为现实。原创思维正是表现了一种人类社会不断发展的能力，也就是通过自己特殊的方式反映存在的形式。

2. 独立性

原创思维首先来源于独立的意识，它是人们在科学实践基础上进行独立思考的结果。原创思维充分体现了原创主体思维的独立性。任何一种新的思想、新的理论、新的观念最初都产生于个人的大脑之中，不可能是一个群体的所有人同时发现现实中的某种本质特征，或是对现实提出一致的新看法。原创思维需要个人通过独立的观察和思考之后，对现实提出自己的见解，而且这种见解要符合客观事物的发展规律，要迎合现实的需要，这样才能被社会接受。

原创思维的独立性还因为它最初可能不被社会的大多数人理解。例如，布鲁诺因为宣扬“日心说”而被天主教会判处火刑，卢梭因为提倡“社会契约论”而被驱逐，普朗克提出的量子假说也遭到科学同行的抵制。然而，随着时间的推移，原创思维蕴含的深刻思想内涵会逐渐为人们所理解，为科学实践所验证。因此，高度的独立性表现了原创的独特魅力，显示了原创不同于一般创新的高标准、高难度。

3. 敏感性

敏感性是原始创新思维的先驱，原创思维注重将观察到的事物与已有的知识或假设联系起来加以全方位的思考，对事物之间的相关性、特异性进行比较，进而揭示出内在联系，为做出新的发现和发明铺平道路。许多重大的原创成果都是由于科学家具有高度的敏感性，能从偶然现象或机遇中获得启示并进行研究，因此发现新事物。例如，伦琴发现 X 射线，弗莱明发现青霉素，帕金发现人工合成染料苯胺紫，威尔逊发现宇宙微波背景辐射等，这些就在于他们不让微小的变化、偶然现象、机遇在自己眼下溜走。

4. 综合性

原创思维既不是一种基本的思维形式，也不是一两种思维方法运用的结果，而是概念思维与意象思维的综合与融通。原创主体在科学实践时，既可能运用概念思维，也可能运用形象思维、直觉与灵感思维等，但更多情况下是两类思维的综合运用。运用概念思维进行创新活动的例子很多，如对于自由落体定律，伽利略认为亚里士多德的观点是错误的。为了驳倒这一错误观点，伽利略采用了演绎推理的概念思维方式，通过归谬法使亚里士多德的错误观点昭然若揭。这个思维过程就属于概念思维在原始创新活动中的应用。

原创思维与意象思维也是密切相关的。科学研究中常常需要使用理想模型、理想过程来简化研究过程，但这种理想模型在现实中是不存在的，需要借助形象思维与直觉思维。这些典型形象在人的大脑里活跃起来，发生相互作用，就像一帧帧的电影画面一样，通过对比、概括以领悟到问题的本质。原创思维不仅离不开科学形象，更离不开想象，因为想象能冲破时间和空间的限制。如伽利略能想象出光滑的平面；爱因斯坦在建立狭义相对论时想象出接近光速的列车，以及在建立广义相对论时想象出弯曲时空；法拉第凭借丰富的想象力，用生动直观的“力线”描述磁场。原创思维更离不开直觉思维，特别是灵感。人们获取新的知识，创建新的理论，设计新的实验方案，往往需要经过曲折的过程，既有长期的知识准备、材料积累，也有短时间的突破。灵感在科学创造中起着重大的作用。科学史中大量的事实表明，许多原创成果都是在长期探索之后借助灵感激发获得解决的。总之，原创思维是对概念思维与意象思维的综合运用，是两者的结合。

6.3 案例研究：院士思维计量研究

“中国科学院院士”和“中国工程院院士”是国家设立的科学技术、工程技术方面的最高学术称号，具有崇高的荣誉和学术权威性，他们代表了我国科技原创的最高水平。考察院士的思维背景及其方法，对我国科学技术原始创新的发展与创造性人才培养有着重要而现实的意义。这里我们将以《院士思维》四卷本[16,17]为主要参考依据，并参阅其他相关资料，以及在统计的基础上分析、提炼和总结院士思维方法的特点与结构。

6.3.1 院士思维背景统计分析

《院士思维》四卷本共收录了 221 位院士的文稿，院士的年龄、出身、专业等背景虽各有不同，但仍能发现他们成长经历中的某些共同之处。本节主要以这 221 位院士为样本，分别从其父母职业、中学经历、名师指点、大学经历等几个方面对院士思维背景进行统计分析（见表 6－1）。

表 6－1 院士思维背景要素编码

单位：人

编码		基本说明	提及二级编码人数	符合基本说明人数
一级编码	二级编码			
思维背景	父母职业	教师、医生或其他专业技术人员	78	63
	中学经历	名校影响	54	32
	名师指点	求学与工作中名师指点	83	83
	大学经历	国内重点大学	221	173

资料来源：卢嘉锡，等. 院士思维：1—4 卷［M］. 合肥：安徽教育出版社，1998，2001.

1. 院士的父母职业

统计结果发现，两院院士父母或父母的一方为教师的比例相当高，院士提及自己父母职业的共有 78 人，其中父母或父母一方为教师、医生或其他专业技术人员的有 63 人。这些家庭往往并不是很富裕，但大多对子女的教育极为重视。这种情况说明，专业技术人员的思维方式，如重视抽象分析和实验检验等对院士早期思维的形成具有潜移默化的重要影响，对他们的人生观、价值观的形成和科学兴趣的培养等方面都有一定的作用。另外，统计结果表明，出生于贫苦农民家庭的院士有 15 人，这从侧面说明逆境也能出人才。逆境有利于培养人坚毅、勤奋的个性，对个人的成长和思维品格的形成也产生了重要影响。

2. 院士的中学经历

中学阶段是人生的一个重要时期，它对于人的思维方式形成具有重要影响。统计结果发现，有 32 名院士中学时期在名校接受教育，名校教育为他们后来的发展奠定了坚实的学业基础，这一点颇值得注意。如王选院士（计算机专家）小学和中学都在上海名校南模中学，这所名校的校友中院士达 20 多名。闻邦椿院士（机械动力学与工程机械专家）就读于颇有名气的浙江省台州中学，这所学校的毕业生中也有 4 名院士。陈俊武院士（热能动力工程学家）就读于北平崇德中学（现北京市第三十一中学），这是一所严格的教会学校，他在这里打下了数学和英语的基础。周恒院士换了 4 所学校之后，最后在重庆南开中学毕业。他回忆道："南开中学在当时具有全国最好的师资和设备，而且经常请一些知名人士来做讲演，政治、文化、科学等方面的都有，使得学生除了学习基础知识外，视野开阔，思想活跃。"与上海的南模中学相似，重庆南开中学的毕业生中，当选为科学院院士的也有 20 多人。王大中院士也说："在南开中学我不仅学到文化知识，更重要的是通过学校和导师的教导，使得刻苦顽强、一丝不苟的作风在我的头脑中牢牢扎下了根，这是我在大学学习和以后科研工作中的重要原动力。"

3. 留学经历的影响

由于历史原因，西方科学的发展处于绝对优势的地位，科学体制也处于相对完善的阶段。因此，派遣各类留学人员到世界上科学发达的国家访问学习，是迅速掌握科学发展前沿成果，培养高级科学人才的一个重要手段（见表6－2）。

表6－2　留学院士人数统计及占比

单位：人，%

年份	美国	英国	法国	德国	日本	苏联/俄罗斯	其他	合计	总计	比例
1955—1957	82	20	11	19	9	0	9	150	190	78.95
1980	122	34	2	8	1	12	6	185	282	65.60
1991	21	8	0	2	3	24	5	63	209	30.14
1993	5	0	1	2	0	9	0	17	59	28.81
1995	3	0	2	0	0	8	3	16	59	27.12
1997	2	2	0	0	0	6	1	11	58	18.97
1999	7	2	0	2	0	5	2	18	55	32.73
2001	9	0	0	1	1	3	4	18	56	32.14
2003	4	0	0	1	3	1	3	12	58	20.69
合计	255	66	16	35	17	68	33	490	1026	47.76

资料来源：徐飞，卜晓勇．中国科学院院士特征状况的计量分析［J］．自然辩证法研究，2006（3）。

注：1955—1991年为苏联，1993—2003年为俄罗斯，下同。

这里主要统计了获得国外学位的院士人数，共计490人，不到院士总数的一半。这些院士中主要留学于美国、英国、德国和苏联/俄罗斯4个科学相对发达国家的合计有424名，占全体院士的41.33%，占留学院士的86.53%。另外，在《院士思维》书中提及出国留学的院士共计82人，占书中总人数的37%。海外留学经历对院士的思维发展产生了重要影响。院士在国外留学时期接触了世界第一流的科学家，其导师往往是某个领域的学术权威人物，如王淦昌院士在留学期间的导师是对发现原子核裂变有重大贡献的物理科学家梅特纳教授，这为他及时寻找适当的研究方向并在后来发现反西格马负超子奠定了良好基础。同时，西方发达国家深厚的科学传统对科学家的熏陶也对科学原创的启发大有益处。

4. 名师指点

很多院士认为他们的思维在很大程度上得益于在其求学及工作中期间得到了名师的指点。首先，名师的科学思想、思维方法与治学态度等对院士思维的建构具有潜移默化的影响；其次，名师对科技前沿的把握有助于院士找准研究方向，快速向世界先进水平靠近。而且名师，尤其是国际性的科学大师拥有丰富的科研资源，如充足的经济支持、先进的实验设备、一流的教育设施等。这些都有利于其学生进入科技前沿，加快科研进程，早出原始创新的成果。如哥本哈根学派以玻尔为核心产生了一大批优秀的科学家，并多次获得诺贝尔自然科学奖。统计结果表明，有83名院士认为名师对他们的思维方法、人生观、科研方向选择产生了深远的影响。

5. 重点大学的熏陶

如表6-3所示，为重点大学院士人数统计（仅以《院士思维》为例）。

表6-3　重点大学院士人数统计

单位：人

学校	北京大学	清华大学	原南京中央大学	浙江大学	上海交通大学	复旦大学	西南联大	武汉大学	北京地质学院
人数	20	19	18（含南京大学6）	17	12	9	7	6	6

大部分院士都有在国家重点大学求学的经历，北京大学、清华大学、原南京中央大学（南京大学）、浙江大学、上海交通大学、复旦大学等培养了一大批新中国院士。在这些大学中以北京大学、清华大学、原南京中央大学（南京大学）、浙江大学、上海交通大学最为突出，共培养了86名院士。另外，西南联大（以北京大学、清华大学、南开大学为主成立的临时性大学）也表现突出，仅这一所学校就培养了2位诺贝尔奖获得者（杨振宁、李政道）和多位院士。这一现象说明，一流的大学更容易产生一流的人才。重点大学一流的学者、活跃的教学氛围、一流的学术思维、深厚

的学术传统等深深地影响了院士的思维。毕业于清华大学的许多院士都认为，其校训“自强不息，厚德载物”影响了一代代清华学子。

6.3.2 院士思维方法构成与分布

1. 三种主要思维方法

如表6－4所示，院士思维方法中提及最多的有辩证思维、发散思维和概念思维，三者总和占总数的2/3强。辩证思维的强势在一定程度上反映了我国对唯物辩证法的长期宣传和广泛传播，使辩证思维已经深入人心，在我国科学家思维中也扮演着重要角色。在辩证思维统计中包含系统方法，反映了现代系统科学思维方法对科学家的影响。发散思维是创造思维的重要组成部分，特别是在创新观念孕育和形成的阶段，发散思维起着关键作用。概念思维是建构严谨的科学知识体系的重要工具，没有对理论的层层推导和对实验数据的严密分析，就无法深化研究对象进而揭示事物的本质与规律。

表6－4 院士思维方法编码

单位：人

编码		基本表述及说明	频次
一级编码	二级编码		
思维方法	想象力	想象、想象力、联想、想象能力	23
	发散思维	求异思维、发散/扩散思维、逆向思维、反向思维、创新、批判	87
	灵感	灵感、顿悟、灵机	6
	辩证思维	辩证法、对立统一、整体观、系统方法	102
	直觉	直觉、潜意识	8
	概念思维	逻辑、概念、判断、推理、归纳、演绎、分析、综合、理论思维、抽象思维	58
	臻美方法	科学美、审美情感、简单、经济原则、和谐、新奇	14
	交叉方法	交叉、跨学科、多学科	30

续表

编码		基本表述及说明	频次
一级编码	二级编码		
思维方法	类比方法	比较、类推、类比	12

资料来源：卢嘉锡，等. 院士思维：1—4 卷［M］. 合肥：安徽教育出版社，1998，2001.

但是，院士谈论的辩证思维、发散思维和概念思维三者侧重点各有不同，辩证思维侧重于哲学的思辨与洞察，发散思维侧重于思维的创新与变革，概念思维则偏重于理性的分析与论证。总之，三者各有特色。相辅相成，共同构成了院士思维的主体框架。

2. 其他方法

除以上三种方法外，想象力、交叉方法、类比方法、臻美方法在院士思维中也占有一定的比重（见图 6 - 2）。相对来说，提及直觉与灵感的比重较小，可能直觉与灵感一般属于个人体悟和经验感受，它们往往“只可意会，不可言传”。值得指出的是，以上所有“其他方法”均与发散思维在本质上是一致的，都属于意象思维范围。

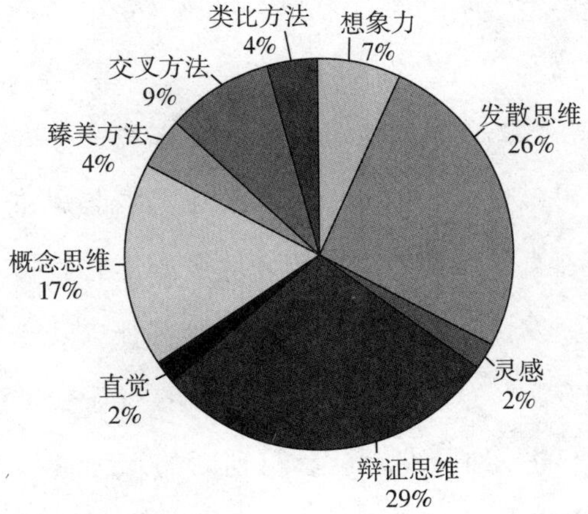

图 6 - 2　院士思维方法分布

3. 综合概括

经过以上分析，我们可以对已有统计做出综合概括，具体见表 6 - 5。

考虑辩证思维的提法与哲学联系密切，并不属于通常思维分类中的两大基本思维方式，因此原“辩证思维”改为“辩证与系统方法”。由表6-5可见，意象思维的频次最高，超过“概念思维”“辩证与系统方法”的总和，既是院士思维关注的重点，也是对科研和教育最富启发的结论。

表6-5 院士思维汇总

单位：人

编码		基本表述和说明	频次
一级编码	二级编码		
思维方式	意象思维	想象力、发散思维、形象思维、臻美方法、交叉方法、类比方法、灵感、直觉	180
	概念思维	形式逻辑、概念判断、推理、归纳、演绎、分析、综合、理论思维、抽象思维	58
	辩证与系统方法	辩证法、对立统一、整体观、系统方法	102

6.3.3 院士思维对原始创新的启示

院士思维是我国科学家群体智慧的内在显现，对提高我国原始创新能力具有重要的指导意义。

1. 院士思维是意象思维与概念思维的辩证统一

人类最基本的思维方式有两种：意象思维与概念思维。意象思维是指创造主体通过形象、直觉、灵感、顿悟、臻美等形式直接把握事物本质的思维方式，它具有突发性、突变性和形象性等特征。其主要有类比推理和臻美推理两种推理方法。意象思维的主要表现：处于长期实践活动下积累的知识被“激活”，为一种思维元素参与到新的思维过程中，造就出激动人心的直觉创造成果。意象思维是科学家进行理论研究和创新时必不可少的手段。按照沃勒斯的创造四阶段划分，意象思维一般出现在第二阶段和第三阶段，即创造的孕育阶段和明朗阶段。概念思维是与意象思维相对应的一种思维方式，它通过概念、判断和推理的形式展开，体现了科学的严谨与精确。其主要有演绎推理和归纳推理两种推理方式。概念思维是提出问题和总结，验证假说、理论的必要手段。它通常出现在创造的第一阶段和第四阶段，即创造的准备阶段和验证阶段[22]。

杂交水稻之父袁隆平院士研究杂交水稻的过程就充分体现了意象思维与概念思维的辩证统一。一方面，他非常重视和善于运用意象思维。1960 年，在发现“鹤立鸡群”的水稻时，他凭借直觉和灵感认为这是一株“天然杂交稻”。他想“天然杂交稻既然存在，那么就可以探索出其中的规律，培育出人工杂交稻”。正是基于这一灵感，他走上了研究杂交水稻之路。1973 年，袁隆平首次成功培育出强优势杂交水稻。1997 年，袁隆平院士在试验田观察两系亚种间杂交稻时，直觉和灵感又一次帮助他发现了超高产水株叶型的特点，即叶子要“长、直、窄、凹、厚”。基于这一认识，他提出了中国超级杂交稻选育形态模式和技术路线，并以此为目标积极地开展工作。1998 年，该计划得到国务院及有关部门的高度重视并获得 1000 万元资助。另一方面，他的研究过程中概念思维也无处不在。例如，受“天然杂交稻”的启示，他经过详细的文献调研和缜密的逻辑推理，最终决定借鉴杂交玉米和杂交高粱选育过程中寻找雄性不育株的路子。探索的过程中充满了细致的观察、高度的归纳概括和严谨的演绎推理等环节。他那时常常头顶火辣辣的阳光，脚泡在禾田里的毒水中，手拿一只放大镜，到水田里每隔一定距离取一株盛花稻为观察对象，每株检查一穗，每天检查数穗。发现与正常稻花略有差异的雄蕊，就摘取一穗稻穗夹进标本夹，用圆珠笔编上号并带回实验室做进一步研究。在该稻株的其他稻穗上套上羊皮纸袋，然后在这株稻秆上系一根白布条，在布条上写上同一号码予以标记。正是经过这种高精度、细致分析的工作，终于在第 16 个野勘日勘察到的第 6400 稻穗上，他发现了第一株天然不育水稻。袁隆平院士的思维方法代表着科学研究的一个方向。许多伟大的科学家如爱因斯坦、狄拉克、彭加勒等，在强调概念思维的同时非常重视想象、直觉、灵感、美学在科学研究中的重要作用。

2. 揭示了意象思维在创新中的先导作用

意象思维以想象、直觉、灵感、审美、类比、交叉等要素为特征，在科技创新构想初期，特别是寻找新的突破口的过程中，具有鲜明的先导作用。现代心理学研究表明：人的认识飞跃常常由某种诱因诱导产生，这种诱导不是通常意义所说的一般启发，而是一种在想象和直觉矛盾运动背景下的直感，顿悟式启发，如果没有这种思维上的飞跃，按照常规的思路和程序是很难产生创造性的认识的。事实上，绝大多数科学新构想都来源于想象和直觉的猜测。爱因斯坦曾说："我相信直觉和灵感。""要通向这些定律，并没有逻辑的道路：只有通过那种以对经验的共鸣的理解为依据的直觉，才能得到这些定律。"另外，科学家有很多是在缺乏充分的佐证和事实的情况下选择研究方向、领域和课题，识别有希望的线索以及发表对新发现的看法等。这时候直觉可以表现为科学家的科学鉴赏力——进行有价值的选择。意象思维的这种特点在确定科研方向、把握创新机遇、开创新领域，以及攻克科研难关时往往能发挥意想不到的功效。正是在这种意义上，可以说意象思维是新思想产生的催生素，它在科技创新中能发挥先导作用。

在院士思维方法中，意象思维占了很大比例，超过思维方法总量的50%（见图6-2）。这说明院士非常重视运用意象思维进行科技创新，许多院士还指出了直觉、灵感、形象、类比等意象思维方法论的重要意义。雷啸霖院士认为："物理学中大凡有一些价值的工作多数是源于物理的直觉。"20世纪80年代，他提出的晶态合金电阻率的超结构散射理论揭示了意象思维在科技创新中的先导作用。他以物理的直觉猜测，晶态合金中普遍存在的行为起源于合金的机制，并直觉地相信它的非弹性散射部分对电阻率有贡献。就这样，他在物理直觉的引导下建立了物理模型，最后以数学推导进一步证实了这一基于物理直觉的模型，发展了晶态合金电阻率的超结构散射理论。

3. 学科交叉是科学原创的重要途径

交叉学科、跨学科、边缘学科都是科学技术创新的增长点和多发地带，这一趋势也为国际科学发展所证明。在颁发的诺贝尔自然科学奖中，交叉学科所获奖项一直占据很大比重。在百年诺贝尔自然科学奖获得者中，有 41.02% 的人属于交叉学科（见表 6 -6）。我国院士普遍重视学科交叉思维方法的研究，许多院士在交叉科学领域取得了丰硕的成果。

表 6 -6　诺贝尔自然科学奖中的交叉学科获奖情况

单位：人,%

时间跨度	获奖人数	交叉学科人数	比率
1901—1925 年	69	25	36. 23
1926—1950 年	74	26	35. 14
1951—1975 年	96	41	42. 71
1976—2000 年	95	45	47. 37
1901—2000 年	334	137	41. 02

资料来源：杨建邺 . 20 世纪诺贝尔奖获得者辞典 [M] . 武汉：武汉出版社，2000.

岑可法院士非常重视多学科交叉研究，充分发挥现代学科交叉的特点探讨新的领域，获取新的内容，他在煤燃烧理论与技术方面取得了丰硕成果。20 世纪 80 年代，当计算机和数值模化技术开始迅速发展时，他在国内率先提出了计算机优化数值试验研究方法，发展了激光测量、高速闪频摄影等多种先进测试手段和电站锅炉智能专家系统。通过燃烧学科与计算机学科的交叉研究，使原先无法实现的大型锅炉机组试验工作能通过计算机进行模拟，大大提高了对锅炉的诊断手段和运行的安全性。90 年代，他紧紧抓住信息传送及数字处理技术调整发展的契机，利用高速摄像及数字化处理技术对大型锅炉内燃烧流场进行重建，使原来无法想象、无法预测的大型锅炉炉内过程实现可视化。这种跨学科交叉方法的运用为他开辟了广阔的研究领域——覆盖了工程热物理、动力机械、环境科学、化工、有机（无机）化学、（硅酸盐）材料科学、计算机科学、流体力学、自动化控制等多个领域，并在学科建设中始终走在科学的前沿。

4. 东西方文化的融会对科学原创的重要作用

院士深受中国文化熏陶和现代科学洗礼，在其科技创新中，中国传统中整体的、辩证的、动态的、意象的思维与现代抽象的、逻辑的、严密的、分析的理性思维相结合，体现了东西方思维方式交融的特色。

一方面，老一辈院士大多受过严格的传统文化教育，在他们身上体现了中国传统文化的精粹，注重整体思维、意象思维和辩证思维方法，取得了重要成就。刘建康院士在活动中高度重视系统综合思维方法，运用系统观点综合考察淡水生态系统各组成部分之间的相互关系和相互作用，因而能够在由他主持的东湖渔业增产试验项目中使东湖的鱼产量连续 7 年以年均 23.5% 的幅度递增。程浴祺院士强调科研工作要通观全局、综合集成，将个人探索与群体智慧相结合。他注意站在全局高度，从多视角观察、分析、处理问题，力求发挥各方面专家的智慧与才干，组织开展跨学科综合研究，以便协同解决一些复杂的地质难题。

另一方面，院士一般都接受过严格、正规的西方科学技术教育，拥有深厚的科学技术理论基础，在他们身上又体现了现代西方科学注重分析方法、数学方法和实验方法的特点。中国古代科学缺乏运用严密的逻辑推理的分析方法和追求精确的数学方法，存在重视定性分析而忽视定量研究，重视整体思辨而忽视个体实验分析的现象。因而，中国古代科学普遍存在技术发达而理论薄弱的弊病。院士充分吸收了西方先进的科学思想和科学方法，高度重视理论思维，并在科研工作中灵活运用分析方法、数学方法和实验方法，从而取得了丰硕成果。我国历史上院士至少有 4 次与诺贝尔自然科学奖擦肩而过：赵忠尧在 1930 年首先发现正负电子对湮灭，王淦昌在 1959 年首先发现反西格玛负超子，中国科学院上海生化所和有机所在 1965 年人工合成牛胰岛素，上海光机所的王育竹院士在 1979 年首先进行了激光冷却气体原子的试验[23]。因此可见，中国科技精英在理论思维方面与西方科学家相比并不逊色，他们在科学研究上也具有相当的原始创新思想。

本章参考文献

[1]爱因斯坦. 爱因斯坦文集[M]. 许良英,范岱年,译. 北京:商务印书馆,1976.

[2]汤川秀树. 创造力和直觉:一个物理学家对于东西方的考察[M]. 周林东,译. 石家庄:河北科学技术出版社,2000.

[3][13][14][22]刘仲林. 中国创造学概论[M]. 天津:天津人民出版社,2001.

[4]李醒民. 哲人科学家:站在时代哲学思想的巅峰[J]. 自然辩证法通讯,1999(6):2.

[5]姜念涛. 科学家的思维方法[M]. 昆明:云南人民出版社,1984.

[6]徐飞. 科学大师启蒙文库:爱因斯坦[M]. 上海:上海交通大学出版社,2007.

[7]王树恩. 科学创造学概论[M]. 天津:天津大学出版社,1994.

[8]贝弗里奇. 科学研究的艺术[M]. 陈捷,译. 北京:科学出版社,1979.

[9]钱兆华. 科学究竟是什么?[J]. 科学技术与辩证法,1999(4):38.

[10]朱亚光. 伟大的探索者:爱因斯坦[M]. 北京:人民出版社,1985.

[11]维纳. 发明:激动人心的创新之路[M]. 赵东静,译. 上海:上海科学技术出版社,2002.

[12]默顿. 科学社会学:理论与经验研究[M]. 鲁旭东,林聚任,译. 北京:商务印书馆,2003.

[15]陈龙安. 创造性思维的发展与教学[M]. 北京:中国轻工业出版社,1999.

[16]卢嘉锡，等．院士思维：1—2 卷[M]．合肥：安徽教育出版社，1998.

[17]卢嘉锡，等．院士思维：3—4 卷[M]．合肥：安徽教育出版社，2001.

[18]樊洪业．中国科学院编年史[M]．上海：上海科技教育出版社，1999.

[19]钱文藻，何仁甫．中国科学院院士[M]．北京：人民日报出版社，2002.

[20]中国科学院学部联合办公室．中国科学院院士自述[M]．上海：上海教育出版社，1996.

[21]孙殿义，卢盛魁．院士成才启示录：上、下[M]．广州：广东科技出版社，2003.

[23]陈敬全．中国科技界精英离诺贝尔奖有多远？[J]．自然辩证法通讯，2002(3)：6.

第 7 章　我国原始创新存在的问题与对策研究

研究原始创新的规律和机制不仅是为了在理论探究上寻根溯源，理解原始创新的本质与规律，更重要的是为了在实践中为提升我国原始创新能力提供尝试路径与方案。通过前面几章的论述，我们初步对原始创新的动力、环境、过程、机制、主体与思维等进行了分析，那么如何在这些理论分析的基础上破解目前我国科技原始创新能力不足的困境呢？本章将试图探讨我国原始创新存在的问题，并结合前述理论研究对此进行分析，进而提出相应对策。

7.1　我国科技原始创新缺失的现状

我国原始创新能力不足在许多方面都有所反映，如诺贝尔自然科学奖长期空缺现象[①]、核心技术依赖度大、国内重大科技奖项中的空缺现象、科技论文质量不高、发明专利数量少、缺乏世界级的科技领军人物等。对此，本文主要从以下三个方面进行论述。

7.1.1　国内科技大奖多年空缺

自然科学奖、技术发明奖和科技进步奖被称为国家科技奖的“三大

① 目前，我国科学家已实现诺贝尔自然科学奖零的突破。2015 年 10 月，我国科学家屠呦呦以“从中医药古典文献中获取灵感，先驱性地发现青蒿素，开创疟疾治疗新方法”，获得诺贝尔生理学或医学奖。

奖”。自然科学奖侧重于基础研究和应用基础研究领域，如数学、物理学、化学、天文学等，用来表彰在自然现象、特征、规律的探究中做出重大科学发现的公民；技术发明奖授予在产品、工艺、材料、系统等方面做出重大技术发明的公民。在“三大奖”中，科技进步奖则是门类最为广泛的一项，包括技术开发、社会公益、国家安全和重大工程等多个领域，用以表彰在完成重大科技成果、科技工程、计划方面，或者在推广先进科技成果方面做出突出贡献的公民和组织。

国家自然科学奖的前身为 1955 年国务院设立的“中国科学院奖金”。以前是每两年评选一次，自 1999 年《国家科学技术奖励条例》颁布之后，改为每年评审一次。这一奖项以其科学性、公正性和权威性在我国科学界具有崇高的地位，它反映的是我国基础科学研究的最高水平。以往的一等奖获奖者有李四光、陈景润、唐敖庆、王淦昌、梁思成等著名科学家。在 1999—2018 年的 20 年里虽评奖 20 次，一等奖出现空缺的现象却多达 10 次，其中 1999—2001 年、2010—2012 年两次连续三年空缺，2004—2005 年、2007—2008 年两次连续两年空缺。国家自然科学奖一等奖是“严格按照《国家科学技术奖励条例》及其《实施细则》规定的奖励条件和标准，科学、公正、实事求是地评审国家科学技术奖的推荐人选和项目”。如果成果不够“重大”，自然就会出现空缺。与国家自然科学奖一等奖一样，国家技术发明奖一等奖也多次出现空缺。在 1991—2003 年的 12 次评奖中，一等奖空缺共计 8 次，其中 1998—2003 年连续 6 次出现一等奖空缺的情况。据国家科学技术奖励办公室有关负责人介绍，国家技术发明奖的评奖标准首先要有原始创新，其次产生技术发明后还要进入市场，在实施后创造出显著经济效益或社会效益，才有可能获奖。因此，国家技术发明奖与我国的基础研究状况并非毫无关联，事实上重大的技术发明往往建立在重大的科学发现和理论突破之上。国家技术发明奖一等奖的连续 6 次空缺，也在一定程度上反映出我国原始创新能力的不足。

1999 年颁布的《国家科学技术奖励条例》中还增设了国家最高科学技术奖，该奖项被授予下列科学技术工作者：①在当代科学技术前沿取得重大突破，或者在科学技术发展中有卓越建树的；②在科学技术创新、科学技术成果转化和高技术产业化中，创造巨大经济效益或者社会效益的。2000—2019 年，我国共有 33 位专家被授予“国家最高科学技术奖”。在获奖专家中，从事基础研究工作，如物理学、化学、数学研究的有 8 位，所占比例较低。从国家最高科学技术奖的评选看，其更具有明显的人物奖的象征意义，并不能真实反映我国的原始创新能力。与国家最高科学技术奖不同，国家自然科学奖和国家技术发明奖则是纯粹的科技成果奖，这两项奖励的一等奖频繁出现空缺现象，深刻反映出我国原始创新能力不足的问题。

原始创新能力不足与我国科学家在诺贝尔自然科学奖方面出现长期缺失现象紧密相关。诺贝尔自然科学奖作为自然科学研究的最高奖项，代表着人类原始创新研究的最高水平。迄今为止，获得诺贝尔自然科学奖的科学家中有 7 位华人：杨振宁、李政道、丁肇中、崔琦、朱棣文、李远哲、屠呦呦。这 7 位华人中除了屠呦呦院士是中国本土培养的科学家之外，杨振宁与李政道获奖时虽然仍具有中国国籍，但获奖的科研成果是在美国完成的；丁肇中、崔琦、朱棣文、李远哲获奖时的身份均是美国籍，获奖成果也是在美国取得的。值得注意的是，单就从事 R&D 活动的科学家和工程师人数而言，我国是仅次于美国的科学大国，但诺贝尔奖从 1901 年设立至今已有 100 多年，我国本土培养的科学家在诺贝尔自然科学奖上只有 1 次，这反映了我国原始创新能力不足的事实。我国科学界的诺贝尔自然科学奖长期缺失现象的确令人深思。

7.1.2　科技论文总体质量不高

科技论文是科学研究活动的重要产出之一，一个国家被国际权威检索系统收录的论文数量和质量，直接反映了该国科学研究的国际水平及其特点。科学引文索引（Science Citation Index，SCI）、科学技术会议录索引（Conference Proceedings Citation Indexes，CPCI，原 ISTP）是当今世界公认的、权威的国际论文检索系统。

SCI 论文数量和质量反映了一个国家基础研究的水平。2008—2018 年（截至 2018 年 10 月），我国科技人员共发表国际论文 227.22 万篇，数量比 2017 年统计时增加了 10.4%，继续排在世界第 2 位；论文被引用共 2272.40 万次，增加了 17.4%，排在世界第 2 位。中国平均每篇论文被引用 10 次，比上年度统计时的每篇论文被引用 9.40 次提高了 6.4%，但平均每篇论文被引用次数与世界平均水平相比还有一定的差距。在 2008—2018 年发表科技论文累计超过 20 万篇的国家（地区）共有 22 个，按平均每篇论文被引用次数排序，中国排在第 16 位，与上年度统计相同。每篇论文被引用次数大于平均值（12.61 次/篇）的国家有 13 个。瑞士、荷兰、英国、比利时、美国、瑞典、德国、加拿大、法国、澳大利亚、意大利的论文篇均被引用次数超过 15 次。由上述分析可以看出：一方面，我国科技论文在数量上已稳居世界第 2 位，科技论文数量的快速增长表明我国基础研究水平日益提高，国际学术地位稳步上升；另一方面，科技论文数量只是反映科技原创水平的一个侧面，更重要的是科技论文的质量。在文献计量学、科学计量学中，科学论文产出与被引频次是反映一个国家或一个机构科研能力与科学影响力的重要指标之一[1]。如表 7－1 所示，根据 2018 年中国科技论文统计结果，2008—2018 年（截至 2018 年 10 月）中国科技人员的论文被引用共 2272.40 万次，虽然增长了 17.4%，增长速度明显快于其他国家，但与排在第一位的美国的 7013.04 万次相比，差距依然明显。就篇均被引用率来说，我国平均每篇论文被引用 10 次，比上年度统计时的 9.4 次提高了 6.4%。这意味着从纵向比较，我国国际科技论文质量的进步幅度有了较大提升，但从横向比较来看，世界整体篇均被引用次数为

12. 61 次，这说明虽然我国科技论文篇均被引用率有所提高，但与同期的世界平均值还有不小的差距。

表 7 - 1　2008—2018 年发表科技论文数 20 万篇以上的国家（地区）论文数及被引用情况

单位：篇，次

国家（地区）	论文数		被引用次数		篇均被引用次数	
	篇数	位次	次数	位次	次数	位次
美国	3922346	1	70130397	1	17. 88	5
中国	2272222	2	22723995	2	10. 00	16
英国	1239412	3	21794333	3	18. 39	3
德国	1042716	4	17452258	4	16. 74	7
法国	728211	6	11707974	5	16. 08	9
加拿大	649786	7	10809115	6	16. 63	8
日本	820886	5	10064483	7	12. 26	13
意大利	633688	8	9649571	8	15. 23	11
澳大利亚	545752	11	8474129	9	15. 53	10
西班牙	549582	10	7907313	10	14. 39	12
荷兰	379242	14	7566912	11	19. 95	2
瑞士	280369	16	5884932	12	20. 99	1
韩国	521368	12	5491701	13	10. 53	15
印度	559822	9	4925388	14	8. 80	18
瑞典	252797	20	4474392	15	17. 70	6
比利时	208838	22	3782846	16	18. 11	4
巴西	409878	13	3454699	17	8. 43	19
中国台湾	270174	17	2898369	18	10. 73	14
波兰	249385	21	2198772	22	8. 82	17
俄罗斯	327019	15	2128475	25	6. 51	22
伊朗	261703	19	1964969	28	7. 51	20
土耳其	267377	18	1912240	29	7. 15	21

资料来源：中国科技论文统计与分析课题组. 2017 年中国科技论文统计与分析简报 [J]. 中国科技期刊研究，2019 (1)：96.

2018 年，CPCI－S 收录中国作者发表的论文共 7. 37 万篇，与 2017 年基本持平，占 CPCIS 收录论文总数的 14. 7%，排在世界第 2 位。CPCI－S

收录论文数量排在世界前5位的国家依次为美国、中国、英国、德国和印度。CPCI - S数据库收录美国作者发表的论文为15.06万篇，占CPCI - S收录论文总数的30.1%[2]。

另外，国际1%的顶尖论文（highly cited paper）的指标是对一国科技领域原始创新水平、基础研究能力和科技实力的重要反映。最顶尖的论文往往能够改变甚至开创一个新的研究领域，从而引发创新热潮。国际1%顶尖论文是指各领域过去10年中各年论文被引用次数超过指定阈值的论文，约占各领域全部论文的1%。如图7 - 1所示，2014年科学与工程领域发表的引用率位于前1%的高质量论文中，美国相对比例指数（相对比例指数 = 某国前1%引用率论文数量/论文总数）为1.90、欧盟为1.28、中国为1.01。中国近几年高引用率论文的比例虽有所提升，但相对美国、欧盟来说仍存在较大差距。

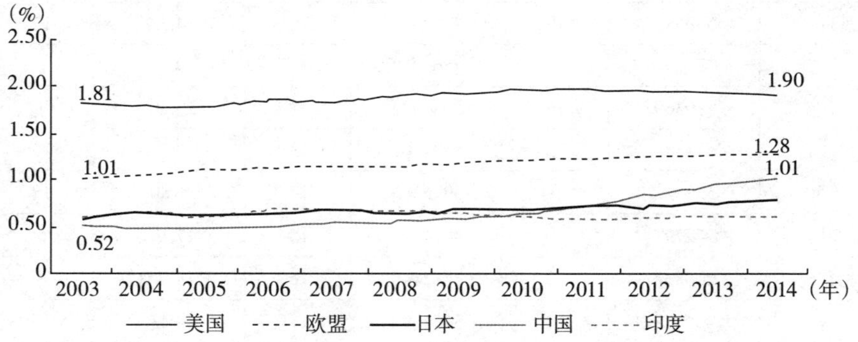

图7 - 1 2003—2016年科学与工程领域1%引用率论文的相对比例指数

注：因日本和印度低于中国，未标明具体数字。

资料来源：任泽平．中美科技实力对比：全球视角［J］．发展研究，2018（8）：4 - 15.

从以上各数据的统计分析中可以看出，我国科技论文在数量和质量上虽有显著提高，但论文的影响力与高质量方面仍与美国等发达国家存在一定差距，这也凸显了我国原始创新能力不足的现状。

7.1.3　专利结构有待优化

一般来说，专利分为发明专利、外观设计专利及实用新型专利三大类。其中，发明专利是新产品和新工艺的核心，能够在一定程度上反映一个国家、地区或企业的技术开发能力和内在竞争力。发明专利的价值要远高于其他两种专利类型，从而更能代表创新实力。《中华人民共和国专利法》（2020 年修订）对“发明”和“实用新型”的解释如下：“本法所称的发明创造是指发明、实用新型和外观设计。发明，是指对产品、方法或者其改进所提出的新的技术方案。实用新型，是指对产品的形状、构造或者其结合所提出的适于实用的新的技术方案。外观设计，是指对产品的整体或者局部的形状、图案或者其结合以及色彩与形状、图案的结合所作出的富有美感并适于工业应用的新设计。”从该法的解释来看，发明专利比实用新型专利具有较高的技术含量，其创新性对基础研究有较强的依赖性。

世界知识产权组织的统计数据显示，2019 年中国通过世界知识产权组织《专利合作条约》（PCT）途径提交了 5. 899 万件专利申请，超过美国（5. 784 万件）跃升至第 1 位，成为提交国际专利申请数量最多的国家。这是多年来我国科技创新不断发展的有力见证。但是数量上的领先并不意味着我国已经成为创新强国，成为全球创新的引领者，我们还要分析数据背后的其他问题。

第一，我国发明专利占比较低。如表 7 – 2 所示，2000—2019 年我国专利类型构成中，2000 年的发明专利占比为 30. 3%，2019 年的发明专利占比为 32. 0%，19 年间发明专利占比增幅仅为 1. 7%。2000 年实用新型专利占比为 40. 3%，2019 年实用新型专利占比为 51. 8%，19 年间实用新型专利占比增幅为 11. 5%，大大高于同期发明专利占比的增长幅度。从这一数据可以发现，我国发明专利占比相对较低，实用新型专利占比在 2019 年已超过专利总量的 50%。据统计，2019 年美国、英国、日本、法国和德国的发明专利占比至少接近 70%。这一对比反映出我国的专利结构不够优化，专利内在质量方面仍有较大的提升空间。

表 7－2　2000—2019 年中国专利类型构成

单位：件

项目	2000 年	2005 年	2010 年	2014 年	2015 年	2016 年	2017 年	2018 年	2019 年
发明专利	51747	173327	391177	928177	1101864	1338503	1381594	1542002	1400661
实用新型专利	68815	139566	409836	868511	1127577	1475977	1687593	2072311	2268190
外观设计专利	50120	163371	421273	564555	569059	650344	628658	708799	711617

资料来源：中国科技统计年鉴 2020［M］. 北京：中国统计出版社，2020.

第二，我国发明专利授权量与发明专利申请量相比差距较大。如表 7－3所示，近年来我国专利申请和授权均呈上升趋势。2015—2018 年，发明专利申请 5363963 项，发明专利授权 1615815 项，占发明专利申请量的 30.1%。从申请到授权所占比例最高的是实用新型专利，其次是外观设计专利，发明专利最低。

表 7－3　2015—2018 年中国专利的申请量与授权量

单位：件

项目	2015 年		2016 年		2017 年		2018 年	
	申请量	授权量	申请量	授权量	申请量	授权量	申请量	授权量
发明专利	1101864	359316	1338503	404208	1381594	420144	1542002	432147
实用新型专利	1127577	876217	1475977	903420	1687593	973294	2072311	1479062
外观设计专利	569059	482659	650344	446135	628658	442996	708799	536251

资料来源：中国科技统计年鉴 2019［M］. 北京：中国统计出版社，2019.

第三，国内外专利水平仍然存在差距。国家知识产权局 2011 年专利统计数据显示，尽管国内发明专利在数量上保持高增长态势，但从确定发明创造保护范围的权利要求看，平均每件国内发明专利申请有 6 项权利要求，而国外平均有 17 项；从反映发明创造技术复杂程度的说明书看，平均每件国内发明专利申请说明书有 9 页，而国外平均有 29 页。这些数据的对比也在一定程度上反映了国内外专利水平存在明显差距。

第四，部分领域专利布局与国外尚存在差距。在世界知识产权组织划分的 35 个技术领域中，2017 年国内发明专利拥有量高于国外来华发明专利拥有量的达 30 个领域，比 2016 年增加 1 个，但从维持 10 年以上的发明专利拥有量来看，国内在 29 个技术领域的发明专利数量仍少于国外。这一数据也间接反映了我国在核心技术研发和创新方面与发达国家存在差距。

总之，随着大科学时代的来临，科学与技术日益出现一体化趋势。现代技术的发明离不开基础研究的原始创新，我国国内发明专利的现状和国家技术发明一等奖连年空缺的现象是一致的，与我国在电子产业、信息产业等方面存在的核心技术受制于人的困境也有直接关系，这些问题都反映出我国基础研究领域力量薄弱，原始创新能力不足的现实。

7.2　原始创新能力不足的原因分析

我国古代创造了辉煌的科技成就，其中不乏具有原始创新的重大科技发明与创造，“四大发明”及农学、医学、天文、数学等学科都取得了举世瞩目的伟大成就，但如今我国的科技原始创新能力却出现了极度匮乏的局面。造成这种局面除了我国是一个发展中国家，经济和科技底子薄、实力弱等原因外，还存在以下诸方面的原因。

7.2.1　基础研究环境的制约

原始创新的主要领域是基础研究与应用基础研究，基础研究需要良好的发展环境。只有在科研经费充足、学术交流氛围活跃、学术成果能获得公正评价的环境下，科研人员才更有可能创造出原始创新的科研成果。我国在基础研究环境方面存在以下三个问题。

1. R&D 经费投入强度有待进一步提高

单纯从科技 R&D 经费投入的金额上看，我国已进入世界前列。在世界主要国家 R&D 经费投入的排名中，中国已连续多年居世界第 2 位，仅次于美国。2016 年，美国 R&D 经费国内支出达到 5103.11 亿美元，位于世界第 1 名，中国 R&D 经费国内支出达到 2378.28 亿美元，虽位于世界第 2 名，但不及美国的一半；其次为日本、德国、韩国等。2000—2016 年，中国 R&D 经费国内支出增长超过 20 倍，年均复合增速达到 21.3%，同期美国 R&D 经费国内支出增长不到 2 倍，年均复合增速仅为 4.1%。按照 2010 年以来中美 R&D 经费国内支出的复合增速测算，到 2024 年前后中国在研发上的整体资金投入将会超越美国，成为世界第 1 名。

但从研发强度（R&D 支出/GDP）来看，如表 7－4 所示，2016 年 R&D 经费支出排名靠前国家的研发强度普遍维持在 3.00% 左右，其中韩国（4.23%）、日本（3.16%）、德国（2.92%）、美国（2.76%）处于前列。中国 2016 年的研发强度达到 2.12%，相较于 2010 年 1.71% 的强度水平明显提升，虽已经接近法国（2.22%），并且超过英国（1.68%），但距离美国、日本、德国、韩国等仍有一定差距。

表 7－4 2010—2016 年世界主要国家 R&D 经费支出占国内生产总值的比重

单位：%

国家	2010 年	2011 年	2012 年	2013 年	2014 年	2015 年	2016 年
中国	1.71	1.78	1.91	2.00	2.03	2.07	2.12
美国	2.74	2.77	2.68	2.71	2.72	2.72	2.76
日本	3.14	3.24	3.21	3.31	3.40	3.28	3.16
英国	1.66	1.66	1.59	1.64	1.66	1.67	1.68
法国	2.18	2.19	2.23	2.24	2.28	2.27	2.22
德国	2.71	2.80	2.87	2.82	2.87	2.91	2.92
韩国	3.47	3.74	4.03	4.15	4.29	4.22	4.23

资料来源：中国科技统计年鉴 2019［M］. 北京：中国统计出版社，2019.

2. R&D 经费投入结构不合理

R&D 经费投入按活动内容划分为基础研究、应用研究与试验发展三个部分。总体来说，我国一直不断加大科技研发投入，推动国家科技发展不断迈向新台阶。

第一，我国三类研究占 R&D 的比重相对较低。从近年看，欧美国家普遍重视基础研究，其基础研究经费占 R&D 的比重均在 15% 以上，英国一度达到 30% 以上。即便是重视理论移植和应用研究的日本，其基础研究经费占 R&D 的比重也在 14% 以上。从 R&D 经费支出的投向结构来看，中国目前的 R&D 活动主要侧重于试验发展（experimental development）阶段（2015 年占比达到 84%），基础研究（basic research）和应用研究（applied research）的资金投入比例合计仅 16%。美国则在基础研究和应用研究领域相对投入更多资源，合计占比达到 36%[3]。

第二，R&D 经费投入结构不合理。我国对基础研究往往投入多、见效慢、风险大，我国企业对 R&D 的基础研究投入非常少。这与我国企业特别是科技创新型企业大多数侧重于消化吸收再创新的创新渠道有关。目前，基础研究投入的 90% 以上依靠政府投入，而且主要是靠中央财政支出。这与美国等西方国家的企业研发强度相比有较大差距。

第三，R&D 经费投入政府导向性有待改善。政府推动是关键技术原始创新的重要推手。政府 R&D 经费投入应向推动国家发展的关键性核心技术、推动社会福利的社会公益性技术倾斜。美国特别是在联邦政府层面，除了国防部外，其他部门（能源部、NASA 等）基本以资助基础研究与应用研究为主，即使国防部资助的试验发展也是以先进技术与重要系统开发为导向，并且孕育了 ARPANET（阿帕网，互联网的前身）、GPS（全球卫星定位系统）等重要发明；同时，政府投入中最重要的一部分是投入医疗卫生、环境资源、技术标准等公益性基础研究领域。这足以看出美国对基础研究的重视程度。相比之下，我国基础研究占 R&D 经费比例相对较低，对社会公益性技术研究投入较少。

通过比较世界主要国家三类研发活动投入情况我们可以发现，中国的基础研究投入和应用研究投入比例较低，而试验开发投入比例较高。这一研发结构虽然在一定程度上弥补了基础研究投入比例过低的缺陷，但是三类研发活动发展不平衡的结构必然会制约中国的原始创新能力，对中国原始创新的长期稳定发展构成隐患。

3. 基础研究人才结构不合理

基础研究对科学人才有一定的严格要求。我国基础研究领域存在的一个重要问题是人才结构的不合理[4]，主要表现为两个方面。一是研究队伍的梯队结构不合理，缺乏有战略眼光、领导才能，能站在国际前沿组织一批科学家进行团队研究的领军型科学家。二是优秀人才流失严重。科学史研究表明，学科带头人或领军型科学家是科研团队的核心力量，是科技原始创新的一个重要影响因素。我国在很多领域与学科缺乏能独当一面、凝聚力量的核心人物，这是制约我国科技原始创新的一个重要原因。

优秀人才的流失在一定程度上加剧了基础研究人才结构不合理的现状。人才流失最突出的表现是国外留学人员不能如期归国。如表7－5所示，截至1997年，我国具有理科与工科学位在美国就业的人数达到10.36万人，其中具有硕士、博士学位的高级人才分别占总数的36.78%和28.19%。表7－6统计了近年来我国出国留学人数与学成回国人数。2000—2005年我国出国留学和学成回国人数中，学成回国人数占出国留学人数的比重虽然在逐年上升，但仍然偏低。即便是2005年，出国留学总数为11.9万人，其中学成回国人数为3.5万人，也不到1/3（29.41%）的比例。这种结构的不合理严重制约了基础领域的原始创新。

表 7－5　截至 1997 年中国出生的具有理科与工科学位的在美国就业人数

单位：人，%

	人数				百分比			
	全部	学士	硕士	博士	全部	学士	硕士	博士
总数	103600	36300	38100	29200	100	35.04	36.78	28.19
4 年制专科学院与大学	17600	2100	5000	10500	16.99	6	13	36
企业/工业	69800	26800	28200	14800	67.37	74	74	51
政府机构	8800	4100	2800	1900	8.49	11	7	6
非营利机构	3900	1300	1400	1200	3.76	4	4	4
其他教育机构	1000	400	100	500	0.97	1	0	2
自己创业	2500	1600	600	300	2.41	4	2	1

资料来源：中国科技统计网（http://www.sts.org.cn/fxyj/zcfx/documents/bsjyzk.htm）。

注：图中的数字超出 100% 或低于 100% 是因为四舍五入时出现的精度方面的偏差。原资料如此。

表 7－6　2000—2005 年中国出国留学人数和学成回国人数

单位：万人

分类	2000 年	2001 年	2002 年	2003 年	2004 年	2005 年
出国留学人数	39	8.4	12.5	11.7	11.5	11.9
学成回国人数	0.9	1.2	1.8	2.0	2.5	3.5

资料来源：中国科技统计网（http://www.sts.org.cn/sjkl/kjtjdt/data2006/2006－3.htm）。

7.2.2　传统教育模式的影响

原始创新的特点从根本上决定了作为创新主体的科技工作者，必须要有强烈的创新意识、健全的心理素质做支撑，创造的思维方法做武器，合理的知识结构做储备，良好的外部环境做保障，才有可能在原始创新中有所作为。我国传统教育下的应试教育模式在很多方面都不能达到原始创新的要求。

具体来说，传统教育对创造力的制约体现在以下三个方面。

1. 人文内涵的缺失

具有高度原创力的科学研究者应体现科学素养与人文内涵的完美结合。我国传统的应试教育过于重视学生的科学知识学习，而忽视了对学生人文内涵的培育。这种忽视导致了一个可悲的事实：很多科技工作者走出校园后，虽然具有丰富的专业知识，但是在创新精神和创新能力方面存在严重的缺失。一个科技工作者如果缺少人文内涵，他就不可能对人的价值和生命的意义有深刻的理解，也不可能有更高的精神追求，而只会满足做个“普通劳动者”，也就很难形成远大的理想，产生强烈的创新意识。同理，如果一个科技工作者不具备健康、良好的心理素质，也就很难在科技领域有所突破、有所创新，尤其是当他缺少足够的胆识和信心时，不敢冒险、不敢竞争，禁不起挫折和失败的打击，要求其在难度极大的原始创新中有所作为，显然是不切实际的。

2. 创造性思维受阻

传统的应试教育对科学思维方法的忽视也阻碍了创造性思维的形成。应试教育体制借助各种考试尤其是高考，助长了学生思维的标准化倾向。高考的训练过程特别强调按标准答案答题，这种长时间标准化训练的结果会导致学生的思维越来越趋于同一化，想象力越来越枯竭，满脑子装的都是标准答案而缺乏创新思维。由于应试教育特别强化对已有专业知识的灌输，这些成熟的知识又都是按照严密的逻辑关系编织起来的，所以大量的逻辑思维训练易形成习惯性思维，即思维定式。其结果是学生的逻辑思维能力越来越强，相比之下，与原始创新密不可分的非逻辑思维方法，如发散思维、灵感思维等却明显不足。这也是我国许多科技工作者遇到原始创新科技难题时，常常会感到手足无措的原因之一。

3. 创造力天才化

理论界存在一种把创造力归因于少数“天才”的观点，即将创造力与科学技术的重大突破和发明联系起来，认为创造力是少数天才人物的专长，是其特殊能力的表现。毫无疑问，科学史中存在许多具有高度创造力的科学“天才”，他们推动了科学技术的快速发展。但在科学研究尤其是常规性研究中，只要具备良好的科学素养与人文内涵，掌握创造技法，抓住适当机遇，普通工作者也可以做出原始创新成就。

总之，传统的应试教育模式最大的缺憾在于只关注对学生的知识灌输，而忽视学生的人文精神培养、心理素质提升、思维方法训练和知识结构优化，因此阻碍了我国科技原始创新的发展。

7.2.3　科研管理体制中存在的问题

科研管理体制涉及科学研究的各个方面，如项目申请、评估与考核、科学奖励等。我国现有科研管理体制存在一些制约原始创新发展的因素。

1. 科研项目申请的困难

科研项目申请中存在的问题主要有两个方面。一是新兴交叉学科难以获得科研资金支持。我们知道，交叉学科是原始创新的重要动力之一，当代许多科技创新都是在学科之间的边缘地区与交叉地带获得的，然而在现行的学科分类与科研管理中，许多新兴的交叉学科没有立足之处。因此，在申请课题和基金支持时，这类交叉学科往往会陷入找不到地盘的窘迫境地。例如，中科院等离子体物理研究所余增亮教授研究的离子束生物工程学是典型的新兴交叉学科，这一学科在发展过程中曾多次因申请科研项目问题遇到种种责难，经历了很多坎坷。因此，在我们的科研管理体制中，对于交叉科学的管理应有所变革。二是申请项目过程中不当行为的影响。在申请项目时，有些申请人将项目的意义过分夸大并巧立名目，以向国家多要钱；有些申请人把精力放在申请书的制作上，用尽一切方法使申请书显得精美无比，然后借助各种渠道、方法使其通过；在项目审批方面也存在一些失误，如仅凭计划书的美好设想就进行主观评价，或以申请人的资历或其所在单位的权威性进行评价，而不是关注项目的可行性与创新性，这种主观臆断往往会导致许多失误，损害了原始创新主体的利益与信心。

2. 科研评价的过度量化倾向

当代科研管理的一个基本倾向就是将科研项目和成果定量化。职称评审、科研考核、遴选硕士生或博士生导师、年度或聘任期考核等都涉及对科研成果的量化评估。科研量化管理中首先关注的是数量，其中包括发表学术论文和出版学术专著的数量，主持科研项目以及经费的数量与获得科研成果奖项的数量等。

科研量化管理模式的最大优点就是可操作性强，它将十分复杂的科研水平评价问题变得简单明了，可以定量化、极易操作。这种管理模式虽然有其便于衡量、客观公正的一面，但也存在很多缺陷，因为科研活动中最根本、最本质的东西，即所谓的思想性和创造性往往是难以被计量化的。科研活动的本质恰恰在于追求价值上的东西，即无法以定量化方式加以衡量和评价的东西。因此，从这个意义上说，科研量化管理模式具有一定的局限性。具体来说，这种管理模式蕴含以下三个价值导向：一是追求数量的价值导向，二是追求形式的价值导向，三是追求齐一的价值导向[5]。这三种价值导向在一定程度上不利于原始创新的发展。

追求数量的价值导向是指在科研管理中以数量追求为标准。尽管这种价值导向给了人们清楚明白的判断标准，易于操作或评比，但是它同科研活动所需要的探索求真的精神是格格不入的，而且对数量的过分强调容易助长人们急功近利的浮躁心理，从而给科研活动带来严重的负面影响。追求形式的价值导向是指在科研中追求高“等级”刊物或科研项目。“等级”不代表实际的质量和水平，科研活动在本质上追求的是新思想和新成就，特别是具有原始创新的东西，而将人们的视线引导到或者锁定在缺乏内容的“等级”上显然是不够妥当的。追求齐一的价值导向是指各类科学研究要服从统一的管理模式和评价标准，但事实上二者在不同学科或研究方向上有着巨大差异，因而在科学评价中应该重视与强调思想上的原始创新。用统一的模式和标准对各类学科进行衡量和规范，可能对科技创新形成束缚。“如果奖励制度只承认科学工作的数量，那么有能力做出重大贡献的科学家会经常改变他们发表论著的习惯，匆忙付印而很少考虑他们的论著的知识内容。他们将选择那些会很快有确定结果的研究课题，而不去解决该学科中重要的和困难的智力问题。完全忽视科学工作的质量肯定会阻碍科学进步。”[6]

我们知道，科学研究有自身规律，学术的发展有一个积累渐进的过程。对于一个较高质量的科研成果，从知识的积累到关键问题的突破，再到整个课题的完成，都是注定不会在较短的时间内做到的。原中科院院长路甬祥院士指出：“基础研究要提倡面壁十年，敢于坐冷板凳，敢于攻克难题。”[7]原始创新往往产生于重大而艰深的研究课题，有些课题不仅耗尽了一个科学家的毕生精力，而且需要几代科学家的共同努力才能最终完成。只有通过持续不断的政策激励与支持，才能促使科学家长期坚持不懈地深入研究。欧美发达国家对从事基础研究的科学家通常没有规定硬性的指标。微软公司对其一流科技专家的管理采取了自由发展、听之任之的宽松原则，为创新提供了轻松自由的氛围。因此，科研评价的量化倾向可能挤压原始创新的生存空间，阻碍原始创新的顺利发展。

3. 科研奖励的不足

除了科学共同体内部建立了完整的承认—奖励机制外，国家科研奖励制度也是促进科学家进行原始创新的重要动力。奖励的共同点是以知识的独创性为出发点。自我国于1955年建立科技奖励制度以来，一直是按照国际通行的做法，遵循“精神奖励与物质奖励相结合”的原则，但又以“精神奖励为主，物质奖励为辅”。我国的科技奖励制度在激励科技人员投身于科学事业的发展上确实起到了积极的作用，然而作为促进科技事业向前发展的一项主要措施，我国的科技奖励在精神和物质方面都显得力度不足。

我国的科技奖励体系以政府奖励为主，每次都会召开隆重的奖励大会，各级政府的主要领导人也会出席大会并亲自为获奖者颁奖。从精神奖励形式和规模上看，国内外并没有实质的差别，但奖励的效果却有很大的差别。在欧美国家，科技精英以不同的形式得到广泛而持久的宣传，英国、比利时等给科学家封爵位，如著名的牛顿爵士、开尔文男爵等。科学家一旦获得重大奖励，就会获得社会的普遍尊重，其社会地位就会有明显的提高。与国外相比，我国的科技奖励在精神效果方面则不强，主要表现在科学家在社会分层中的声望不高。在中国科学技术协会中国公众科学素养调查领导小组所做的《2001 中国公众科学素养调查频数分布报告》中，“职业声望与期望子女从事的职业”的得分多处表现出负关联：政府官员的“声望与期望”值为 8.6/9.9；大学教师为 7.9/7.5；医生为 18.7/20.0；科研人员为 20.1/ 18.2。这说明教师和科研人员虽具有较高的声望，但家长并不希望子女从事这样的职业；政府官员的声望虽高于教师而远低于医生和科研人员，但家长对子女从政的期望值较高。换一种说法，从政和做医生的职业好处大于其职业声望，而选择教师与科研人员的职业好处则低于其职业声望。这表明，在我国公众的心目中，从事科学研究与探索的科研人员并非公众的理想职业。这一择业倾向与我国传统文化的“官本位”思想有着密切关系。

7.2.4 传统文化中不利于原始创新的因素

在分析中国古代文化与科技的关系时，我们指出了传统文化中有利于原始创新的因素，同时也存在很多不利于原始创新的因素。在我们这样一个历史文化悠久的国家，传统文化的影响是根深蒂固的，科学家作为社会的成员时刻处于社会的文化氛围之中，因而也必然受到传统文化中一些不利于原始创新因素的影响，从而在很大程度上影响了他们的价值取向与行为方式。

1. “官本位”思想与社会精英的职业选择

所谓“官本位”是指以官为本，把做官看作人生目标和价值追求，以官职大小、官阶高低来衡量人们的社会地位和人生价值。“官本位”思想有其思想根源。春秋时期，孔子的“学而优则仕”就是对当时社会政治现实的真实描述，也为当时的知识分子指出了一条实现人生理想的光明大道。创立于隋朝、完善于唐朝的科举制度，则为实现“学而优则仕”提供了制度保障与具体途径。科举制度以操作性极强的方式把精英阶层的价值取向引导到追求更高的官职爵位和更多的功名利禄上。除此之外，“鄙薄技艺”的价值观、“劳心者治人，劳力者治于人”的等级观，以及“光宗耀祖”的家族观等儒家文化观念的指向，也使做官成了人们择业的兴趣和焦点。

默顿指出，新教伦理对 17 世纪英国科学的发展起到了促进作用。新教伦理倡导与近代科学的精神气质相符的经验主义和功利主义原则，刺激了人们选择从事科学活动，客观上促使社会成员的职业兴趣在社会价值观念的引导下向科学技术“聚焦”。而我国“官本位”思想的流行则将社会成员，特别是社会精英阶段的职业兴趣引向“仕途”，从而造成了科技研究领域缺乏人才。

我国目前的科研管理体制具有浓厚的行政色彩，国家通过“自上而下”的干部任免制度赋予社会成员合法的身份与行为权限，并通过行政等级标准确定了包括科学领域在内的各领域的社会等级，从而将社会的各个领域都纳入了国家官僚体系，形成了“自上而下”的话语权[8]。大学被分为副部级、正厅级，科研机构被分为正厅级、正处级。科研项目的申请与科研成果的评价等往往受到科学家职位高低的影响。这种对科学作为政治的依附性管理使政府对科学领域具有相当大的支配权力。“官本位”的存在决定了行政管理者的“官本位”思维方式。行政管理者出于对优秀科学家的重视或期待科学家能做出更大的贡献，甚至为了建立行政领导与科技精英之间的利益联盟以实现和保持其对科学的话语权，通常带有奖励性质地给科学家套以行政官员的待遇，如正教授可以享受正厅级的待遇、院士可以享受副省级待遇，甚至给优秀科学家奖励性地委以重要的行政职位，并以行政职位作为其学术成就的标志，从而形成了行政职位对科学家的供给。如果行政职位的需求和供给同时存在，一部分优秀的科学家就会被迫退出科研第一线，转变为一名全职或兼职的行政官员，而科研兴趣和行政工作往往存在相互影响与冲突的可能性。因此，科学家走上行政岗位之后因很难保证有充足的时间与精力从事科学研究，导致科学原创力的萎缩。沈元壤院士告诫国内的年轻学者："年轻优秀的科学家不要去当行政或管理的官员，当官是可以抵制的。也许不做官申请经费有些困难，但经费总是能申请到的，要有耐心。……一做官研究时间和精力就少了，学生得不到很好的指导，研究工作当然不可能有新的进展和突破。如果要一心做研究，就应抵制做官。"[9]因此，对于我国优秀科学家而言，应首先确保有充足的时间与精力从事科研工作，而不能用过多的行政职务侵占其宝贵的科研时间。

2. 功利主义与急功近利的研究氛围

西方近代科学的产生与繁荣得益于内在的科学求真精神。科学求真精神要求科学家在经验事实的基础上，摆脱来自主观世界的阻力和干扰去探索自然界规律。这是一种纯粹追求真理与知识的兴趣探索，与功利性要求无涉，与此相反的是中国传统科学技术有着强烈的致用性。中国传统文化讲究"实用理性"，重人生、讲实用，宣扬"崇德利用"。《周易·大传》指出："精义入神，以致用也。利用安身，以崇德也。过此以往，之或知也，穷神知化，德之盛也。"这种对实用性、功利性的追求，往往会使各种看似与现实人生无关的自然知识或抽象理论受到漠视。社会生产的需要决定了科学的发展需要讲求致用。事实上，正因为中国有如此强烈的致用要求，中国古代的科技才能得到相当程度的发展。然而，致用性毕竟是科学外在派生的属性，完全为了致用的科学则充满功利价值观，不可能使人保持相对独立的、冷静的、理智的探索精神。对科学致用性的过分强调会影响科学成就的取得与科学探索的深化，因此，我国古代科技理论性弱的缺点与这种对致用性的强调有很大关系。我国古代科学家很少有像西方科学家那样为纯粹、强烈的求真目的而从事科学。

功利主义的危害之一是容易形成急功近利的研究氛围。强调功利性就会相应地强调科研成果产出的数量和速度，必然会带来科学研究的恶性竞争，尤其当科学成果与职称、奖励等挂钩时更是如此。我国出现的“汉芯造假事件”、韩国出现的“黄禹锡造假事件”就是科学急功近利的极端表现，这些不端行为给科学发展带来了极大的危害。

功利主义的危害之二是对科学探索的失败缺乏宽容精神。原始创新是一种具有高度风险性的尝试性研究，因此在原创过程中失败常常难以避免。波普尔将科学的发展描述为一个试错与反驳的过程。科学的成功通常是以多次失败为代价的，在原始创新过程中尤其如此。失败也是一种知识积累，失败者在思想、方法等方面的教训对后人、对科学的发展仍然是有价值的。既然错误认识无法避免，失败也具有科学价值，那么就应该善待科学探索的失败，而不能以成败论英雄。在我国传统文化中，“成王败寇”具有很强的文化影响，在其影响下，社会和科学组织的管理者常常会对失败者不屑一顾，对科研失败缺乏宽容。在基础研究中，课题的创新性与课题的难度和风险是正相关的。没有研究经费就难以出成果，而在量化管理制度下，没有成果就可能导致职业地位的受损。对成功者的奖励和对失败者的惩戒会有效地产生示范作用，“避难就易”的浮躁风气很快就会弥漫组织的内部，并不断向其他科学组织扩散，最终导致科学研究者在课题选择时避重就轻，只选择那些短期能出效果的课题项目，对于原始创新与风险性并存的重大课题项目则敬而远之。

3. 中庸思想与自由竞争的科学争论

由于儒家思想在我国历史上长期占据主导地位，因此对中国当今的社会文化仍有着深刻的影响。儒家思想的一条重要原则就是“中庸”，它以和谐统一为前提，讲究无论为人还是做事都要适度，使事物在适当的限度内发展。所谓“中庸”，按照《中庸》开篇所说，就是“不偏之谓中，不易之谓庸”。朱熹对“中庸”的解释是：“中者，不偏不倚，无过不及之名。庸，平常也。”在人们的行为上，“中庸”表现为“喜怒哀乐之未发，谓之中；发而皆中节，谓之和。……致中和，天地位焉，万物育焉”（《中庸》第一章）。儒家的中庸思想及其衍生的“和为贵”思想既是中国传统文化的重要思想，也是中国人为人处世、安身立命的重要原则。但这一文化在实践中往往因强调“不偏不倚，执用两中”，而忽视求新求变，长期以来影响了我国科学界自由、竞争的学术氛围的形成。而且对“和”的过度重视往往会约束科学共同体成员之间的科学争论，导致对科学权威过度尊崇等不利于原始创新的现象出现。

我们知道在科学研究中，科学争论是不同学术观点的碰撞，它有益于揭示矛盾、发现问题，因此是科学发展的动力之一。科学史上无数的事例已充分证明，学术上平等而自由的争论是科学发展的一种重要动力。“燃素说”与“氧化说”的争论导致了氧化还原理论的建立，使人们对燃烧的本质有了正确的认识；光的“波动说”与“微粒说”的长期争论最终导致了两者的融合，使人们对光的本质有了更全面的认识。

不同学术观点和学派的存在及其自由平等的争论，在客观上形成了科学理论生存竞争的环境。竞争的双方都提出质疑使对方理论中的缺陷暴露无遗，迫使科学家主动地为了自己的学说和学派的生存而千方百计地证明、修正、补充和完善自己的理论和观点。如此展开的生存竞争，能确保理论的选择是一个没有借助科学以外的力量进行的过程。

传统的中庸思想对我国科学家的思想观念有着深刻的影响。在我国的学术活动中存在一个普遍的现象，就是科学家之间缺少公开、批评性的学术交流，人们习惯于相互地鼓励和赞扬，而不轻易进行批评性的争论和讨论。缺乏科学争论所带来的往往是科学思想、科学观点的千篇一律，而缺少不同的声音。这样的环境与氛围对原始创新的孕育与成长有着极为不利的影响。我国在 SARS 病毒的研究过程中就曾因对学术权威的尊崇而错失了做出原始创新成果的极好机遇，这一事例从反面说明自由竞争的科学争论对科学发展的重要作用。

4. 保守思想与冒险精神

儒家的中庸思想经过两千多年的历史积淀，已经内化成了中国人的性格特征，在为人处世方面便演绎出各种饱含中庸哲理的人生格言，如“知足常乐”“安分守己”“明哲保身”“不为人先”等。这与今天的科学创新精神之间有着难以逾越的巨大鸿沟。我们知道，原始创新具有极高的创新性与不确定性，随之而来的就是高度的风险性，这要求创新主体以一种批判怀疑、敢于冒险的开拓进取精神从事科学研究。然而，深受传统中庸思想影响的中国人在生活中往往会持有保守的思想，这种保守思想使科学家在研究活动中常常表现为谨小慎微、因循守旧和墨守成规，缺乏冒险的进取精神，不利于科学创新。

科学的发展是在继承的基础上进行的创新，只重视继承而忽视创新，过分推崇古人的守旧思想对现代科学的发展必然有害。在现代，这种崇古守旧的思想改头换面，表现为学术上的盲目崇洋现象，学术界只重视跟踪和模仿而忽视了原始创新。总是跟在别人后面走，自然难以获得原始创新，这种学术上的保守思想一旦在学术界扩散，就比基础研究投入不足和科技奖励不足所造成的不利影响还要深远。

7.3　对策研究

2001 年，科技部原部长徐冠华在中国工业高科技论坛上做了题为《加强原始创新，提高产业自主创新能力》的报告，提出推进原始创新的六大措施。

一是加大对基础研究和重大战略高技术研究的投入力度：一方面重点

支持对提高国家竞争力有直接影响的重大项目，另一方面加大支持由科学家自主选题的探索性研究。

二是建立起与原始创新相适应的评价制度，鼓励具备原始创新因素风险大的研究项目，关注创新性强的小项目、非共识项目以及学科交叉项目，邀请国外专家参加重大、重点项目的全程评估，减少和简化评估程序，完善评价活动的监督体系等。

三是建立符合科学和技术不同发展规律的激励机制，重点打破以往技术开发研究从立项到获奖，再立项、再获奖，并通过获奖最终与科研人员职称、工资、住房等挂钩的做法，技术开发人员应当更多地在市场中实现其价值和取得相应的回报。

四是树立人才资源是第一资源的指导思想，大力培养、吸引和稳定高水平创新人才，对有独立思考能力、独创精神的小人物和青年人才及时给予支持，对少数高水平人才在严格遴选的基础上予以持续的支持，加大对在国际科学前沿做出有重要影响研究成果的顶尖人才的引进力度。

五是大力促进学术界的开放交流，不同学科、学术观点之间要撞击和交流，要广开渠道鼓励和支持科学家参与国际国内的学术交流和科研合作，制定有利于学术交流的考核指标体系。

六是建立有利于原始创新的文化环境，在科技界培育勇于创新、大胆探索，追求真理、宽容失败，鼓励竞争、崇尚合作，热爱科学、淡泊名利的良好文化风尚，倡导科学精神和科学道德，克服浮躁现象，反对学术腐败。

徐冠华提出的推进原始创新的六大措施，为制定我国原始创新能力对策提供了基础参考与理论依据。在此基础上，笔者认为应从原始创新不同阶段的特点与影响要素等方面入手，同时综合考虑原始创新的动力与社会环境因素，采取相应的对策以提高我国科技原始创新能力。

7.3.1　加强学科交叉，开拓创新源

2004 年 12 月，美国竞争力委员会发表的《创新美国》报告指出，当代创新发展的一个重要趋势是学科交叉日益明显，不同领域或活动范围的交叉现象日益增多，学科交叉已成为原始创新的一个重要源泉。因此，要大力加强对交叉科学的理论与实践研究，寻找学科交叉与创新的内在关系，探索出适合我国科技发展的学科交叉模式。

在科学发展的进程中，学科的发展经历了从原始的综合到逐步精细分化的过程之后，又日益广泛交叉、渗透，导致新兴学科、交叉学科、边缘学科、综合学科大量出现。学科的交叉、融合已经成为科学发展的时代特征。现代科学中许多重大科学发现都发端于不同学科的交叉。回顾百年诺贝尔科学奖的颁布情况，我们可以发现，20 世纪物理学、化学、医学与生物学领域的许多重大科学发现，如量子力学、原子结构、基本粒子、核裂变、基因理论、DNA 双螺旋模型、基因工程、激光、超导物质与超导理论等，都是不同程度上学科交叉的结果。

举例来说，在基因工程技术的发展过程中具有关键作用的“限制性内切酶”的发现主要依赖于三位科学家：一位是以物理学家的身份进入生物学领域的瑞士微生物遗传学家阿尔伯（Werner Artier），他从研究辐射对遗传物质的损伤、遗传物质的修复对遗传重组的影响入手，受物理学理论和方法的启示，首次从理论上指出了“限制性内切酶”的存在；另一位是美国生物学家内森斯（Daniel Nathans），他运用数学的概率方法第一次将“限制性内切酶”应用于基因结构和功能研究；还有一位是美国分子生物学家史密斯（Hamilton Othanel Smith），他分离、纯化了Ⅱ型限制性核酸内切酶 Hind Ⅱ，也正是运用这一成果内森斯建立了第一个脱氧核糖核酸的物理图谱。由此可以看出，在“限制性内切酶”这一重大科学原创中既有不同专业背景的科学家之间的学科交叉，又有科学家个人对学科交叉方法的

运用。

我们在前文的分析中已经指出，学科交叉是原始创新的内部动力之一，交叉创造型创新是原始创新的机制之一。因此，我们必须打破学科壁垒，以发展新兴学科、交叉学科为突破口，紧紧把握科学发展的最前沿，在国际竞争中抢占科学技术的新领域，这样才能产生更多的原始创新成果。

7.3.2 发展创造教育，激发想象力

传统教育模式束缚了对学生的想象力与开拓创新精神的培养，因此必须大力发展创造教育，激发学生的想象力与创新热情。创造教育是培育创新型人才、提高创新能力的基础环节。近年来，国家高度重视自主创新，提倡建立创新型国家，使创新理念得到高度重视。追求创新虽然已成为我国高校发展的基本理念，但我国创造教育的发展仍然较为滞后，主要表现为创造学教育仍未进入教学的主流阵地，教学水平相对不足，除少数高校如中国矿业大学在创造教育方面取得很大突破外，创造学教育仍存在很多问题。许多大学没有创造学的课程设置，对创造学理论的深层次研究也颇为不足，缺乏创新型教师和标准教材等。这种状况不利于对原始创新能力的培育，因此可以考虑将创造学教育列入大学公共必修课中，以适应不断发展的创新要求。

我们以中国矿业大学为例，说明创造教育对创新的推动作用。自 1995 年以来，中国矿业大学率先在国内招收创造学方向的本科生，取得了许多创新成果。1984 年，该校首先在地质专业的“地史学”课程中进行了以培养学生创造能力为目标的教学改革，取得了明显的教学成果，学生除了学到该课程的专业知识之外，还激发了自身的创造性，平均每 2 人撰写出 1 篇颇具创造性的学术小论文，其中有 2 篇被 1987 年在中国地质大学召开的“全国青年地学工作者学术讨论会”选中。为了在更大范围内培养大学生的创造能力，1988 年中国矿业大学在全校举办了创造学系列讲座，随后又

把创造学正式列入教学计划，在本科生中开设了创造学选修课，并编写出版了我国第一本创造学教育教材《创造学基础》，面向全校开设了创造学选修课，受到学生的普遍欢迎。在上创造学课之前，只有 25% 的大学生认为自己有一定的创造能力，通过创造学课程的学习，这个数值很快上升到 90% 以上。1996 年 9 月，中国矿业大学又正式将创造学列入全校公共必修课中，将创造学教育普及到在校每个大学生；同时，设立了创造学教育专项资金，组建了创造学教育研究中心和分别以校领导为组长、副组长的全校创造学教育领导小组，对各院系参与创造学教育的教师进行培训。多年来，中国矿业大学坚持在学生中开展创造学教育，成绩斐然。据统计，自实施创造学教育以来，该校大学生共有 76 项成果申报国家专利，有 46 项成果在全国、江苏省大学生科技成果竞赛中获奖，位居全国高校先进行列。在 1999 年国际大学生数学建模竞赛中，该校分别获得一等奖、二等奖各一名，居江苏省榜首。从上例可以看出，开展创造教育对于提升学生创新能力、培育创新人才具有显著效果。

具体来说，创造教育的落实应依靠三个层面的发展。第一，在国家层面上，不仅要落实教育改革的理念，而且理想状态是以打造未来崭新的创新型国家为目标，形成陶行知所说的“时时创造、处处创造、人人创造”的全民创造氛围。国家鼓励“全民学习计划”，以帮助大众突破学习瓶颈，培植个人知识基础，为创造奠定坚实的基础。第二，在个体层面上，要普及推广“终身学习”，形成“学习型社会”。鼓励全民增强自我创造的意识，勇于创新、冒险与超越，以开阔的思维和自由的态度展现独特、新奇和有趣的个人色彩，并从不断尝试、创造历程中发现学习乐趣，激发个体潜力，充分利用网络信息的优势，促成自我学习、自我实现。第三，在学校教育层面上，以“创造教育”为核心，以个体知识为基础，以培育创造理念为前提，不断提高全民的创造潜能，提升解决问题能力，发展创造技能。通过以上三个层面的发展建立一个内涵丰富的创造环境，为实现我国向创新型国家转变奠定基础。

7.3.3 重视知识积累，夯实原创基础

原始创新离不开一定的知识积累，没有积累就没有原创，原始创新是渐进的积累与飞跃的变革交织互动的过程。纵观世界科技发展的历程，科学中心的转移与一个国家在科学技术上的知识积累密切相关。人们在惊讶美国“盛产”诺贝尔奖得主的同时，也为美国在科学技术上的深厚底蕴所折服。美国之所以取得如此卓越的科学成就，主要是因为在第一次世界大战之前，美国就拥有雄厚的工业基础，应用研究也具有相当的规模和实力。美国科学传统的建立与两次世界大战有很大关系。在两次世界大战期间，许多欧洲最优秀的科学家都移居到美国，他们不仅带去了当时最前沿的科学思想和技术知识，而且将欧洲几百年历史所积淀的科学文化传统直接传承给了美国。因此，美国在第二次世界大战之后一跃成为世界科学中心，这并非偶然，而是一个从量变到质变的过程。

英国科学家贝尔纳（J. D. Bernard）认为，“科学是一种累积的知识传统”[10]。这就是说，科学是一个人类以有限的认识能力去探知无限的自然规律的永无止境的社会过程。科学积累具有丰富的内涵，主要包含五个方面：整个社会的积累、科学自身的积累、学术思想的积累、个人经历的积累、“知识遗传”的积累[11]。现代科学的发展显示，原始创新领先的地方往往是学术传统氛围深厚的地方，世界知名大学如哈佛大学、剑桥大学，世界著名的科研机构如卡文迪什实验室、贝尔实验室，世界著名的学派如剑桥学派、哥廷根学派等，它们作为原始创新发祥地的共同特征就是具有深厚、优良的学术传统。因此，在我国原始创新能力建设过程中，应将重点放在培育学术传统、形成良好学术氛围这一层面上，重点建设一流大学和科学研究机构，鼓励学术交流与学术争论，为形成科学学派奠定基础。

7.3.4 培育学术带头人，聚集创新人才

原始创新能否成功的一个重要因素，是看这个创新群体有没有核心人

物或学术带头人作为组织者和领导者。他们一般在本领域内造诣深厚、德高望重，得到国内外同行的承认，具有较完整的知识结构和更新知识的能力，有预见和判断能力，能正确把握本领域的学术研究方向，勇于开拓创新，学风端正、治学严谨，有强烈的事业心和奉献精神[12]。

学术带头人是影响一个国家基础研究队伍整体实力的重要因素，他们的学术水平决定了创新群体在国际科技竞争中的位置。他们需要把握科学发展的阶段和方向，从而做出正确的重大决策，需要引导自己的创新群体进入学科的最前沿，需要培养大量的后继创新人才。例如，历届卡文迪什实验室主任的选聘条件：一是科学成就卓著并能领导该室沿着已有成果的道路发展，二是在国际上有崇高的威望，三是对剑桥大学的决策有重要影响[13]。此外，还必须考虑候选人过去的科学成就、品格和领导能力等。按照这样的标准严格要求，使至今选出的卡文迪什教授都能胜任并有重要的发展。

由于原始创新的积累性和长期性，原始创新需要形成一定的基础研究人才链，需要一代人甚至几代人的努力和积累。学术带头人的一个重要作用就是形成吸引创新人才的向心力，世界一流的学术带头人的学术威望与成就，往往能吸引本学科领域极具天赋的科学创新人才聚集在自己身边，从而形成极富创造力与竞争力的科学学派或科研团队。著名的量子力学哥本哈根学派就是以玻尔为核心人物，以海森堡、泡利等年轻科学家为主要力量的学术团体，他们将量子力学理论不断推向深入。

7.3.5　弘扬创新文化，营造创造氛围

在我国传统文化中视技术创新为“雕虫小技”“奇技淫巧”等，认为技术创新与发明会导致人心不古。这种文化氛围在一定程度上制约了原始创新活动的产生与发展。当然，我国古代经典著作中也不乏鼓励创新、创造的思想，如《易传》中“富有之谓大业，日新之谓盛德，生生之谓易”

的求新精神就是很好的例子。只是这种创新思想被正统的经学思想所压制而没有得到充分的发展。因此，我们需要正确认识和理解传统文化，并通过传统文化的创造性转化与创新性发展，利用其合理的成分营造一个开放的创新文化环境，形成鼓励发展个性和创新观念的社会氛围。营造有利于原始创新的文化环境主要是指：鼓励勇于创新、敢为人先，反对因循守旧、墨守成规；弘扬“百花齐放、百家争鸣”的方针，提倡开展平等的学术争论，保障不同学术观点的公开发表和充分讨论；扩大研究工作的交流与合作，打破人为的学术壁垒，减少重复研究；大力推动不同学科、不同学术思想、不同学派间的交流；重视学风建设，克服急于求成、急功近利等各种浮躁思潮，倡导热爱科学、淡泊名利的良好文化风尚，把对科技工作者科学素养的培养与学风建设结合起来等。

创新文化的建设必须与当代中国的实际相结合，实现从中国传统文化向创新文化的转型，这一创新文化是以东方与西方的会通、传统与现代的会通、科学与人文的会通、精英与大众的会通为途径，以形成以“创”为核心目标的新文化（见图7-2）。

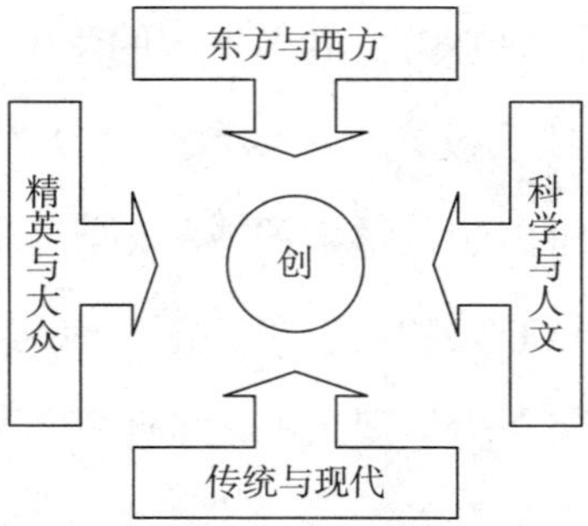

图7-2　中国传统文化向创新文化的转型

7.3.6　发扬科学宽容精神，鼓励科技创新

原始创新是一项风险性很大的事业，不可能只有成功没有失败，科技发展史告诉我们，原始创新往往要经历无数次失败后才能踏上成功的坦

途。失败和创新就好比是一个刀刃的两面，没有失败就不可能有创新，越是突破性大的原始创新成果，失败的概率就越高。如果我们禁止了所有的错误和失败，实际上就禁止了所有潜在、可能的创新。科学发展中所谓的失败者，也对建构科学大厦做出了同样难能可贵的贡献：排除了科学研究中许多虚假的可能性，节省了科研时间；提供了宝贵的经验教训，为科学创新提供思路与素材。徐冠华在 2002 年 1 月召开的全国科技工作会议上指出："一个宽松、民主，探索求真的学术环境，对于孕育科学家和杰出科学成就具有极其重要的意义。"

对原始创新的宽容精神主要表现在以下几个方面：科学同行之间的相互宽容、科研管理部门对科研人员的宽容、科学共同体对业余科学工作者的宽容、社会大众对科学研究的宽容等。在社会政治民主的外部环境保障下，要使科学宽容广泛而彻底地得到实行，需要有科学共同体内部自由争鸣的学术氛围以及与此相适应的体制规范。一般来说，科学的宽容精神有三条最基本的实践原则：一是争论主体平等的原则，只有保障科学争论的各方在公平、公正、平等的条件下进行科学讨论，才能充分发挥科学的批判与检验功能，确保原始创新思想的独立性与准确性；二是尊重、保护少数的原则[14]，"真理往往掌握在少数人的手中"，原始创新的超前性特点使这一原则的作用越发显得重要；三是对存疑的科学原创持有延迟评价的标准。由于科学理论的检验需要一定的条件，而且局限于特定时代的条件往往并不成熟，因此一个新的科学理论在刚刚被提出的时候，可能暂时无法通过现有条件与手段加以检验。另外，新理论在提出时常常伴随着许多不完备、不成熟的地方，这也需要一定时间的缓冲与适应。因此，对暂时无法检验或存疑的原始创新思想应以一种暂时搁置、待等观察的宽容态度对其加以保护。

7.3.7　改善科研投入环境，拓展融资空间

我国的科学基金投入渠道单一，不利于原始创新的发展。我们知道，

一个有原始创新思想的课题能否得到及时的资助并达到创新的目的，是科学基金要处理的重大问题。在科研管理的探索中，我们要优化科学基金的资助，使之达到提升科技原始创新能力的最佳状态；多渠道筹集科学基金，实现科研投入的多样化；同时，要改进基金项目的评审办法和标准，妥善处理非共识项目的申请，使那些学科交叉性强、原创程度高、有望取得重大突破的研究项目确实能得到持续稳定的科学基金支持。

在科学基金对原始创新的支持方面，美国的经验值得我们参考。美国私人基金会资助科学研究的一个主要特点是，重点支持具有高风险的科学前沿研究和跨学科研究。20 世纪，科学上的一些重要发现和重要科学家的研究，如居里夫人的镭研究、分子生物学学科的创立等，都与美国私人基金会的资助相关联。洛克菲勒基金会在 30—50 年代对分子生物学的支持也是一个重要例证。30 年代初，分子生物学还是一个刚刚涌现出的新的研究方向，尚未形成独立的学科，但当时的洛克菲勒基金会就敏锐地感觉到了其潜在的价值。在 1932—1959 年超过 1/4 个世纪的时间里，洛克菲勒基金会斥资 2500 万美元支持美国的分子生物学研究，比该基金会在生物科学上的总支出（不包括医学但包括在 40 年代后对农业研究的巨大投入）的 1/4 还要多[15]。在这段时间里一直得到该基金会分子生物学研究计划资助最多的芝加哥大学、加州理工学院、斯坦福大学、哥伦比亚大学、哈佛大学、威斯康星大学等的生物系，都将其生物学研究从传统的学科领域拓展至分子水平上的研究。据诺贝尔奖得主、美国加州理工学院的遗传学家乔治·比德尔（George W. Beadle）统计，在 1953 年后的 12 年，有 18 位在基因水平上研究分子生物学的学者获得诺贝尔生物学奖，其中 17 位获奖者的科研活动全部或部分地得到过洛克菲勒基金会的资助[16]。

美国的科学基金制度为原始创新提供了坚实的物质基础。由于国情的不同，我们虽然不能照搬美国的经验，但可以适当鼓励民间团体、私人基金投资基础科学，实现原始创新投入体系的多元化，发挥民间团体与私人基金的灵活性与范围广等优点。除了要增加各级财政对科技的公共投入之外，国家还应制定相应的政策和法规，积极鼓励和引导社会资源对原始创新活动的投入。

7.3.8　拓宽三螺旋空间，促进大学、企业、政府协同发展

美国学者亨利·埃茨科维兹（Henry Etzkowitz）创立的“大学—企业—政府”三螺旋创新模式理论，对于我们研究原始创新问题有一定的启示。在大学与产业、政府的关系上，埃茨科维兹主张大学应当与产业建立良好的合作伙伴关系，政府应当支持这种关系的形成，但三者之间又应有一定界限，应保持相对独立性。“大学—企业—政府之间相互作用，在各种各样的结合中，每个机构范围保持传统作用和独特身份同时又起着其他机构范围作用的三螺旋模式是组织创造的兴奋剂。”[17]

埃茨科维兹还提出有重要实践意义的区域创新的三螺旋空间概念。三螺旋空间是指知识空间、趋同空间和创新空间[18]。他指出，在知识社会中利用高技术实现区域创新最关键的问题就在于对这三个空间的创造。其中，知识空间是指在区域里要有一定规模与层次的大学和研究机构。当这些大学和研究机构的生产知识积累到临界质量时，它们有可能溢出而被转化为现实的生产力，实现知识的资本化。知识空间为区域发展提供技术开发原料或知识源泉。趋同空间是指相关参与者在一起工作的过程，其中包括“头脑风暴”、问题分析和战略计划形成等具体活动。当大学、企业、政府三方的代表经过反复论证达成共识、形成战略，并把实现这一战略的资源组织在一起时，就实现了趋同空间的目的。因而，趋同空间的主要作用在于形成战略共识。创新空间则概指组织的创建或改进，目的在于填补通常在趋同空间被确认的区域发展缺口，实现在趋同空间拟定的战略。创新空间是开展创新活动的空间，在这个空间中有许多混成组织被创造出来，它们高度依赖“大学—企业—政府”之间的相互作用。

三螺旋创新模式理论指出了产业、大学、政府在创新中的不同作用与相互关系，它对原始创新的启示主要有两个方面。

一是充分发挥大学在知识空间中的作用。三螺旋成立的前提是大学知识生产能力的增长和对外作用的增强，它是知识经济形成的基础。大学要充分发挥其在三螺旋结构中的地位与作用，应该从研究型大学向创业型大学转化。创业型大学主要有四个方面的要求：①学术带头人能够形成和实施自己的战略构想；②具有通过授予专利、颁发许可和孵化等方式进行技术转移的组织能力；③在管理人员、广大师生当中普遍存在创业精神；④能对大学资源进行合法控制，包括大学建筑物等物质财产和来源于研究的知识产权[19]。美国的麻省理工学院和斯坦福大学都是这一转化的典范。通过这种转化加强了大学与政府、产业之间的关系，使大学成为经济与社会发展的智力引擎；通过应用性基础研究的研发，形成科技政策专家斯托克斯所说的“巴斯德象限”，从而促进基础研究的原始创新。

二是加强大学、企业与政府的相互合作。在三螺旋理论中，“大学—企业—政府”三方都可以是创新的组织者、主体和参与者。无论以哪一方为主，最终都要形成动态三螺旋，推动各种创新活动的深入开展。在政府、企业、大学三方中，政府的重要职能是制定政策和分配资源，为科技项目和人力资源开发、基础设施建设等提供支撑；企业主要是以市场为导向，不断开发新产品、新工艺，增强自身的市场竞争能力，获取经济效益；大学的主要工作目标是进行科技创新，满足社会的需要。因此，三方在功能上既相互区别又相互联系，从而形成一种共生耦合的状态。

大学、企业和政府之间的合作有利于提高我国的科技原始创新能力，有助于为科技原始创新提供广阔的发展空间，为科技研究获得更多的经费支持。企业将更加关注科技创新，关注与大学和政府机构的合作。这种合作还可以为原始创新提供大量新的科学问题，促进社会更加深刻地认识原始创新研究的重要性，从而为原始创新发展创造有利的社会环境。

本章参考文献

[1]孙成权,肖仙桃. 国际科学发展态势与中国科学的影响力[M]. 北京:科学出版社,2005.

[2] 中国科技论文统计与分析课题组. 2018 年中国科技论文统计与分析简报[J]. 中国科技期刊研究,2020(1):90.

[3]任泽平. 中美科技实力对比:全球视角[J]. 发展研究,2018(8):5.

[4]宋建元,葛朝阳,陈劲. 我国基础研究原始创新存在的问题及政策建议[J]. 中国科技论坛,2005(1):5.

[5]徐红专,孟建伟. 中国学术和教育:存在问题与救治之方(一) 实证化科研管理模式的利弊[J]. 自然辩证法通讯,2006(1):1.

[6]乔纳森·科尔,斯蒂芬·科尔. 科学界的社会分层[M]. 赵佳苓,等,译. 北京:华夏出版社,1989.

[7]路甬祥. 对基础研究工作的几点思考[N]. 科学时报,2002-06-01.

[8]李真真. 转型中的中国科学:科研不端行为及其诱因分析[J]. 科研管理,2004(3):140-141.

[9]王丹红. 为中国科学发展坦言直谏[N]. 科学时报,2000-10-10.

[10]贝尔纳. 历史上的科学[M]. 伍况甫,彭家礼,译. 北京:科学出版社,1981.

[11]吴海江. 科学原创与科学积累[J]. 自然辩证法研究,2002(5):48-49.

[12]于绥芬. 原始创新是产生学术带头人的根本条件[J]. 研究与发展管理,2003(5):111.

[13]阎康年. 卡文迪什实验室成功经验的启示[J]. 中国社会科学,1995(4):190.

[14]许为民,韩丽峰. 科学宽容:值得深入挖掘的科学文化瑰宝[J]. 自然辩证法研究,2001(4):39.

[15][16]龚旭. 美国私人基金会及其支持科学事业的考察[J]. 自然辩证法通讯,2001(4):49.

[17]周春彦. 大学—企业—政府三螺旋创新模式:亨利 · 埃茨科维兹《三螺旋》评介[J]. 自然辩证法研究,2006(4):76.

[18][19]埃茨科维兹. 三螺旋[M]. 周春彦,译. 北京:东方出版社,2005.

第8章　从0到1：我国科技原始创新典型案例分析

为了更深入地理解科技原始创新，除了理论分析外，还要通过案例进行实证研究。本章将撷取近年来我国科技界在原始创新方面取得的重大成就作为案例，进一步分析科技原始创新的内在规律，为在实践中提升我国科技原始创新能力提供相应参考。本章分别从屠呦呦发现青蒿素、中国科技大学潘建伟院士团队的"量子梦"、北斗卫星导航系统的成功研发、科大讯飞智能语音与人工智能的应用四个案例出发，以案例背景、案例过程、案例启示为分析框架，阐发案例对在实践中提升我国科技原始创新能力的相关启示。

8.1　屠呦呦与青蒿素的发现

2015年10月，中国科学家屠呦呦以"从中医药古典文献中获取灵感，先驱性地发现青蒿素，开创疟疾治疗新方法"，获得诺贝尔生理学或医学奖。这是中国本土科学家首次获得诺贝尔自然科学奖（2012年中国作家莫言首获诺贝尔文学奖），实现了中国诺贝尔自然科学奖零的突破。青蒿素是具有化学药特点的现代中药，是在继承和发扬祖国医药学的基础上，从千百个复方、单方、古方、验方中，运用现代科学、理论、方法、手段发现、研制的现代中药。青蒿素是与已知抗疟药化学结构、作用机制完全不同的新化合物，改写了只有含N杂环的生物碱成分抗疟的历史，标志着人类抗疟药物发展的新方向[1]。青蒿素的发现与应用在全球特别是发展中国家挽救了数百万人的生命。

8.1.1 案例背景

疟疾是由恶性疟原虫引起的疾病，几千年来一直威胁着人类的生命安全。在20世纪50年代国际消灭疟疾的尝试以失败告终之后，疟疾再度肆虐。这在很大程度上归因于寄生虫对当时的抗疟药物（如氯喹）产生了抗药性。如何研发有效的新型抗疟药物成为压在医药研究工作者身上沉甸甸的责任。屠呦呦正是在这一背景下开展相关研究工作的。1955年，屠呦呦毕业于北京医学院药学系，后被分配至卫计委直属中医研究院（现中国中医研究院）从事中药研究工作。1959—1962年，她参加了一项专门针对有西医背景的专业人士开设的中医培训课程。通过两年半的学习培训使屠呦呦逐渐发现了中医的奇妙和可贵之处，为其中西医结合的研究之路奠定了坚实的基础。

1967年，在“523办公室”领导下，中国启动了抗疟项目。屠呦呦所在的研究院很快参与到这个项目中，屠呦呦作为疟疾研究小组组长负责这一项目的具体实施。该小组主要由植物化学和药理活性研究员组成，主要任务是研究如何从中药里提取和分离抗疟有效成分。

8.1.2 案例过程

屠呦呦负责的研究团队对2000多种中药进行了研究，发现其中的640种可能具有抗疟效果。她们从200多种中药里获得了380种提取物并用小鼠做模型评估。但开始的研究并不顺利，一时难以找到有效抗疟药物[2]。后来在一次偶然的青蒿提取物的试验中，屠呦呦的研究团队发现青蒿提取物能很好地抑制寄生虫的生长，然而这一发现并没能够在后续的试验中重复呈现，并且与此前文献中记载的内容有冲突。

为了找到合理的解释，研究团队翻阅、查找了大量的中医药古代文献，经过海量的信息排查，最终在明代葛洪的《肘后备急方》（1574）中发现了一篇关于使用青蒿减轻疟疾症状的文献。《肘后备急方》中提道：“青蒿一握，以水二升渍，绞取汁，尽服之。”这句话给屠呦呦带来了灵感：过去传统的提取方法可能存在问题，因为其中的加热步骤可能破坏药物的活性成分，而在较低的温度中提取可能有助于保持抗疟活性。后来的实验证明，在使用较低温提取方法之后，提取物的活性得到了大幅提升。随后研究团队运用现代科学方法把提取物分离为酸性和中性两个部分，经历了 190 次的失败后，于 1971 年 10 月 4 日终于获得了中性无毒的提取物。临床实验证明，这份提取物对伯氏疟原虫感染小鼠和食蟹猴疟原虫感染的猴子有着 100% 的疗效[3]。这个结果标志着青蒿素发现上的重大突破。

为了对新药进行临床试验，屠呦呦及其团队成员成了青蒿素的第一批志愿受试者。在确认了青蒿素提取物对人体具有安全性的基础上，青蒿素提取物被用于间日疟原虫和恶性疟原虫的患者进行试验并获得成功。经治疗的患者疟疾症状迅速消失，包括高烧和血液中的寄生虫数量。在临床试验成功的基础上屠呦呦团队分离纯化了青蒿的抗疟有效成分，得到了提取物中的活性成分，即分子量为 282 道尔顿的无色晶体，分子式是 $C_{15}H_{22}O_5$。研究到这里已经完成重要的科学发现，下一步要把自然界的分子转变为药物。

在菊科蒿属的植物中，只有黄花蒿的新鲜叶子在花蕾期含有丰富的青蒿素。屠呦呦及其团队一开始用的是北京本地的蒿属植物，青蒿素的含量很少。而要从理论变为现实，将化学分子真正转变成药物就必须使用青蒿素含量高的蒿属植物。最终，项目组找到了一种四川产的黄花蒿符合制药要求。之后临床试验的药物剂型从片剂到胶囊，产生了令人满意的临床效果。

除了药物生产和剂型的问题之外，项目组面临的另一个挑战是如何让世界了解这一发现。1975 年，在中国科学院生物物理所的科研团队帮助下，屠呦呦团队确定了青蒿素的立体结构是一种倍半萜内酯，并将这一有关结构的发现论文发表在 1977 年国内的科学期刊上。同年，这个新分子结构和论文立刻被美国化学文摘社引用，从而得到国际科学界的承认。1979 年，原国家科委授予屠呦呦团队国家发明奖，表彰其发现青蒿素和抗疟的功绩。1981 年，第四届化学药物治疗疟疾科学会议在北京召开，该会议由联合国开发计划署、世界银行和世界卫生组织发起。在一个针对热带疾病研究和培训的特别项目中，一系列关于青蒿素及其治疗疟疾效果的报告引起了强烈反响。20 世纪 80 年代，青蒿素及其衍生物对中国治疗数千名疟疾患者的疗效引起了全世界的关注。2005 年，世界卫生组织宣布了青蒿素联合疗法，现在已被广泛采用，拯救了无数生命，其中很多是非洲儿童。由于能够有效地遏制疟原虫配子体细胞的活性，这种治疗方法显著地减轻了疟疾的症状。

8.1.3 案例启示

1. 中西医结合的启示

青蒿素作为植物化学进化得到的倍半萜内酯，是传统中医学与现代科学技术合作的产物，体现了中西医结合发展的未来趋势。中医药是我国独特的宝库，蕴含了中国传统文化的智慧和无数中国医药工作者的实践经验。中医用青蒿治疗疟疾已有两千多年的历史，是被前人无数临床实践证明的成果，这也是屠呦呦等科研工作者将青蒿锁定为研究对象的重要原因。传统中医药治疗疟疾的方式方法虽然有效果，但难以实现高度精确化、科学化。以往从青蒿这种植物中提取青蒿素的方法，属于传统的植物提取物制备的植物化学方法，往往因提取方法简单而出现提取物的纯度不够、药效的差异性大等问题。而运用现代生命科学、化学合成和生物学技术，既使青蒿素的提取更加科学、更加精准，也使人工青蒿素合成成为可能，大大提升了青蒿素的技术发展前景，将加速中西医的结合，推动中医药现代化的步伐。

2. 科学精神对原始创新的推动作用

在青蒿素的研发过程中，屠呦呦的科学精神是推动青蒿素发现的重要内因。具体表现为：一是积极求真的探索精神，二是坚持不懈的拼搏精神，三是勇于为科学牺牲的献身精神。众所周知，药物研发的要求非常严格，需要做到“安全、有效、可控”，如果不经过严格的动物实验就直接将其用于人体的话，是不符合新药研发规范的。然而，进行动物实验往往需要长时间的、复杂的观察过程。在 40 多年前青蒿素研究的宝贵岁月里，由于研发任务重、时间紧，因此屠呦呦以及课题组成员亲自以身试药，很快明确了青蒿素的常规用量对于人体没有明显的毒副作用，从而显著加速了青蒿素的研发[4]。

3. 科技领军人物与团队合作的相互作用

科技领军人物在科技原始创新活动中发挥了重要的引领与导向作用，是科技原始创新的灵魂和核心。一般来说，科技研究模式有个人研究、小组研究及多学科合作研究等，采用何种方式应根据具体情况进行选择。当代科技研究越来越呈现出跨学科、系统化、复杂化、综合性强等特点，仅凭个人的力量往往难以真正实现从 0 到 1 的突破，团队合作、集体攻关、跨学科研究是未来科技研究的发展趋势。在青蒿素的发现过程中，屠呦呦作为项目组组长虽是这一发现的主要推动者，但其团队的其他成员也是功不可没。科技领军人物与研究团队之间相互促进、通力合作，既发挥了科技领军人物的前瞻性、导向性和聚集性作用，又能发挥团队中各类人才的交叉性、互补性作用，双方相互激发、相得益彰，从而加快了科研研发速度，完成研究目标任务。

8.2　潘建伟的“量子梦”

潘建伟率领的科研团队长期从事量子力学基础问题的实验检验，系统地发展了多光子纠缠干涉量度学，在广域量子通信和光学量子信息处理等领域取得了一系列具有重要国际影响的原始创新成果，为我国在新兴的量子信息产业抢占先机、成为领跑者奠定了坚实的科学基础。2015 年度国家自然科学奖一等奖颁给了中国科学技术大学潘建伟院士领衔的“多光子纠缠及干涉度量”项目。作为该项目的第一完成人，年仅 45 岁的潘建伟刷新了 2006 年支志明 49 岁荣获国家自然科学奖一等奖的纪录。2020 年底，潘建伟团队在量子科技领域再度发力，研制的中国量子计算机“九章”后来居上，计算能力远远超过了美国谷歌的“悬铃木”。这一突破使我国成为全球第二个实现“量子优越性”的国家，也将全球量子计算研究推向新的高潮。

8.2.1 案例背景

量子物理学及其相关学科是当今世界物理学最前沿的领域，具有重要、重大的科学价值与战略意义。量子通信技术与传统的无线电通信技术相比，具有保密性能好、不受外界环境干扰、通信效率高等显著优势。这种优势不仅在民用领域的应用前景非常广泛，而且在军事与国防建设中的作用更为巨大。在拥有量子技术研究的国家中，中国虽然既不是最早从事量子技术研究的国家，也不是最早提出量子通信技术理念的国家，但是最早意识到量子技术的重要性并且取得重大突破的国家。目前，中国在量子通信技术领域已经处于全球第一梯队位置，不仅建立了地面上的量子通信网，还发射了量子通信卫星。这些成就与潘建伟团队在量子通信领域持续数十年的辛勤耕耘是分不开的。

潘建伟自上大学起就与“量子”结缘。他于 1987 年考入中国科技大学后对量子物理学产生了浓厚的兴趣，本科毕业后继续攻读理论物理硕士，方向是量子基本理论。1996 年，潘建伟在中国科技大学获得理论物理硕士学位后，投入奥地利维也纳大学塞林格教授门下攻读博士学位。当时，量子信息一直处在理论研究阶段，还没有得到实验支撑。1997 年，潘建伟作为第二作者在《自然》杂志上发表研究论文《实验量子隐形传态》，该成果被公认为量子信息实验领域的开山之作。2001 年，潘建伟回到中国科技大学工作，当时无论是量子信息研究水平还是人才储备方面，国内的基础都很薄弱。潘建伟从零开始组织科研队伍、组建实验室。2004 年，潘建伟研究组在国际上首次实现五光子纠缠和终端开放的量子态隐形传输，这是中国科学家的成果第一次同时入选欧洲物理学会和美国物理学会评选出的年度国际物理学重大进展[5]。此后，潘建伟及其团队一直坚持在量子技术领域探索，取得了一系列重大创新成果。潘建伟在量子信息领域有无数个值得称道的“世界首次”：首次实现五光子纠缠和终端开放的量子态隐形传输，首次实现具有存储和读出功能的纠缠交换，首次实现八光子薛定谔猫态，首次利用八光子纠缠实现拓扑量子纠错，首次实现百公里量级自由空间量子隐形传态和纠缠分发，首次实现多自由度量子隐形传态，首次实现量子机器学习算法……

8.2.2　案例过程

量子信息科技革命给了中国一个从经典信息技术时代的跟踪者、模仿者，转变为未来信息技术的引领者不可错过的伟大机遇。潘建伟及其研究团队紧紧把握这一机遇，在量子科技研究之路上一路前行，取得了一个又一个重大创新成果，将中国的量子技术引入发展的快车道。

2001 年，潘建伟回国后开始组建中国第一个量子实验室。2005 年，其团队实现了 13 千米的量子纠缠分发，从而证实了远距离自由空间量子通信的可行性。2008 年，潘建伟团队整体回归，以陈宇翱、陆朝阳、张强、赵博等为代表的一批优秀青年学者组成了强大的研究团队[6]。《自然》杂志在报道潘建伟团队成果时评价：“在量子通信领域，中国用了不到十年的时间，由一个不起眼的国家发展成为现在的世界劲旅，将领先于欧洲和北美。”2009 年 4 月，潘建伟团队在合肥市建立了世界上第一个光量子电话网，实现了“电话互联互通、语音实时加密、安全牢不可破”的量子保密电话网络系统。量子信息的携带者光子在外层空间传播时几乎没有损耗，如果能在技术上实现纠缠光子在穿透整个大气层后仍然存活并保持其纠缠特性，人们就可以在卫星的帮助下实现全球化的量子通信。2012 年，潘建伟团队在国际上首次实现百公里（1 公里 = 1 千米）量级的自由空间量子隐形传态和纠缠分发。2017 年，他们利用“墨子号”将量子纠缠分发的距离再提高一个量级，达到 1200 千米。

2020 年度，由潘建伟、陆朝阳等学者组成的研究团队，同中国科学院上海微系统所与信息技术研究所、国家并行计算机工程技术研究中心合作，构建了 76 个光子的量子计算原型机“九章”。例如，处理 5000 万个样本的高斯玻色取样问题，“九章”只需 200 秒，而目前世界上最快的超算则需要 6 亿年 ；处理 100 亿个样本，“九章”需 10 个小时，超算则需要 1200 亿年[7]。这是我国首次实现“量子计算优越性”，这一突破也使我国成为全球第二个实现“量子计算优越性”的国家。

8.2.3 案例启示

1. 大学在科技原始创新中具有重要的引领作用，为科技转化提供“源头活水”

在科技创新链条中，大学更主要的作用是提供“源头活水”。以量子力学基本原理为基础发展起来的量子通信技术，在国际上被视为保障信息传输最安全的手段，具有重大的经济价值和战略意义。2009 年，基于潘建伟院士和郭光灿院士两个团队的原创成果，中国科技大学利用政府和社会资金，在合肥和芜湖分别成立了安徽量子通信有限公司和安徽问天量子有限公司，成为我国量子通信技术产业化的拓荒者。由中国科技大学与新华社共同研发建设的“金融信息量子通信验证网”随后在新华社金融信息交易所开通[8]，这标志着量子保密通信向产业化迈出了重要一步。在此过程中，安徽量子通信有限公司与中国科技大学密切合作，成功研发出拥有完全自主知识产权和核心技术的量子通信产品系列，不仅在民用市场实现了盈利，而且在国防、金融等重要领域得到初步应用。

2. 确定目标，坚持不懈的奋斗精神

潘建伟 31 岁回国，41 岁当选中国科学院院士，42 岁获得国际量子通信、计算和测量学会最高荣誉“国际量子通信奖”，43 岁获得何梁何利基金最高奖“科学与技术成就奖”，这些成果与荣誉都与量子相关。可以说，潘建伟一直在量子科学领域的最前沿坚持不懈地追逐着梦想。作为中国量子技术研究的领军人物，潘建伟潜心钻研 20 多年，将中国从量子信息技术“一穷二白”的地步发展到领跑全球并频频刷新世界纪录的高度。正是这种持续不断的长时间专注的研究精神，推动着中国量子通信技术不断向前发展。今天，潘建伟及其团队的量子通信研究已经在国际量子信息学术界占据了一席之地，在某些研究方向上处于国际领先水平。

3. 原始创新要面向国家发展战略

量子科技既代表当代世界物理学研究领域的前沿，也代表未来科技创新的重要趋势，以习近平同志为核心的党中央高度重视量子科技的研究。2020 年 10 月 16 日下午，中共中央政治局就量子科技研究和应用前景举行第二十四次集体学习。中共中央总书记习近平在主持学习时强调，要充分认识推动量子科技发展的重要性和紧迫性，加强量子科技发展战略谋划和系统布局，把握大趋势，下好先手棋。可以说，这既是中国科学研究的“春天”，也迎来了量子科技研究的“春天”。潘建伟从回国筹建实验室时的 400 万元启动经费，到近年来由全国几十个科研单位支撑建设的量子卫星“墨子号”，再到全长 2000 多千米的量子通信“京沪干线”工程，都离不开国家的强力支持。谈及当年回国的原因，潘建伟说：“从未想过留在国外，科学家应当有自己的祖国，我的梦想就是要在中国建立一个世界领先的量子物理实验室。”大力发展量子通信这一革命性的保密通信技术，早日实现实用化的量子通信系统，使中国在高端通信技术领域不再受制于人，使国家信息安全得到充分保障，是潘建伟选择尽早回国开展相关工作的重要原因。“在满足对自然界好奇心的同时，能为实现国家富强和民族复兴尽一份力，这是我们这一代科技工作者的莫大幸福！”在何梁何利基金 2013 年颁奖大会上发言时，潘建伟这样表达他为国服务的热情[9]。潘建伟在实现个人的“量子梦”理想的同时也为中国科技原始创新的梦想奠定了坚实的基础，体现了个人梦与国家梦的有机结合。

8.3 从 0 到 1：中国北斗卫星导航系统的研发历程

20 世纪 80 年代初，中国开始积极探索适合国情的卫星导航系统。2000 年，初步建成北斗卫星导航试验系统；2020 年 6 月 23 日，“北斗三号”作为最后一颗全球组网卫星在西昌卫星发射中心成功发射，这标志着中国北斗卫星导航系统正式组网成功，也标志着中国成为继美国、俄罗斯之后世界上第三个拥有自主卫星导航系统的国家，中国成功实现了卫星导航系统研制从 0 到 1 的巨大飞跃。

8.3.1 案例背景

北斗卫星导航系统的建设与发展将满足国家安全、经济建设、科技发展和社会进步等方面的需求，维护国家权益，增强综合国力。北斗卫星导航系统将致力于为全球用户提供稳定、可靠、优质的卫星导航服务，并与世界其他卫星导航系统携手，共同推动全球卫星导航事业的发展，促进人类文明和社会发展，服务全球、造福人类。

中国耗时 26 年，投入超过 120 亿美元，先后发射 59 颗卫星的自研卫星导航系统终于建成。这意味着中国有了自己的全球导航定位系统，彻底结束了依赖 GPS 的历史；这也意味着，北斗将向目前仍占据着价值 1.2 万亿元全球卫星导航产业 90% 市场份额的 GPS 导航系统发起新一波冲击。

8.3.2 案例过程

可以说，卫星导航系统就像国家和人类的第三只眼睛，观测着地球上发生的一切状况。正是基于导航系统如此丰富的用途及巨大价值和市场潜力，我国很早就开始了对导航系统的研制。早在 20 世纪 60 年代，中国就开始研究利用卫星进行地面定位服务，但由于当时国力较弱等原因，这一计划并未实施。1994 年 12 月，北斗导航实验卫星系统工程获得国家批准。

北斗卫星导航系统的研发分为三步。

第一步，1994 年，中国启动北斗卫星导航试验系统建设；2000 年，相继发射 2 颗北斗导航试验卫星，初步建成北斗卫星导航试验系统，成为世界上第三个拥有自主卫星导航系统的国家；2003 年，发射第三颗北斗导航试验卫星，进一步增强了北斗卫星导航试验系统性能，这一系统采用有源定位体制，为中国用户提供定位、授时、广域差分和短报文通信服务。

第二步，建设北斗二号系统。2004 年，启动北斗二号系统工程建设；2012 年底，完成 14 颗卫星（5 颗地球静止轨道卫星、5 颗倾斜地球同步轨道卫星和 4 颗中圆地球轨道卫星）发射组网。北斗二号系统在兼容北斗一号系统技术体制基础上，增加了无源定位体制，为亚太地区用户提供定位、测速、授时和短报文通信服务。

第三步，建设北斗三号系统。2009 年，启动北斗三号系统工程建设；2018 年底，完成 19 颗卫星发射组网，完成基本系统建设，向全球提供服务；2020 年，完成 30 颗卫星发射组网，全面建成北斗三号系统。北斗三号系统继承北斗有源服务和无源服务两种技术体制，能够为全球用户提供基本导航（定位、测速、授时）、全球短报文通信、国际搜救服务，中国及周边地区用户还可享有区域短报文通信、星基增强、精密单点定位等服务。北斗三号既实现了卫星的在轨自主完好性监测功能，能对运行在境外的卫星进行监测、注入，又可实现卫星之间的双向精密测距与通信，自主计算并修正卫星的轨道位置和时钟系统，大大减少对地面站的依赖。

2020 年 6 月 23 日，北斗三号最后一颗全球组网卫星在西昌卫星发射中心点火升空，比原计划提前半年全面完成。

8.3.3　案例启示

1. 国家战略发展需求与经济社会发展需要对原始创新的激发作用

北斗导航系统的研发原因有两点。首先，满足国防建设与战争需求。

20 世纪 90 年代初，美国等国家发动针对伊拉克的海湾战争时，正是借助了美国 GPS 的定位、导航能力，精确制导武器可以以极高的命中率直达目标，实现了低消耗、高回报的双重效果，极大地提升了作战效率。其次，卫星导航系统具有巨大的经济价值。除了定位、导航之外，其精确授时、测速等功能在关系国民经济生产安全的诸多领域都扮演着重要的角色。例如，在人们已经习以为常的高铁中，导航系统在不依赖地面设备的情况下能全天候为列车进行定位和测速，从而避免列车追尾；在电网中，电厂、变电站的电力自动化设备、安全自动保护设备、故障记录等智能设备需要同步运转，此时就用到导航卫星的授时功能；人们天天使用的共享单车，也依靠定位系统实现电子围栏停车。不仅如此，在无人驾驶、测绘、出海航行、灾害救援等众多领域，导航系统都发挥着无可替代的作用。早在 2013 年，北斗二号系统投用后便开启了商业化。在当年的《中国卫星导航与位置服务产业发展白皮书》发布会上，中国卫星导航定位协会的代表给 2013 年冠以两个“元年”——“北斗系统在个人手机终端和车载电子设备标配化的启动元年”和“北斗位置服务的元年”。

因军事需要诞生的卫星导航系统，在民用领域和商用领域有更大的价值空间。欧洲全球导航卫星系统局在《2019 年全球卫星导航市场报告》中称，2019 年全球卫星产业产值约为 1507 亿欧元，约合人民币 1.2 万亿元。这其中，超过 90% 的市场被 GPS 占领，其他导航系统分食剩下不足 10% 的市场。尽管目前 GPS 仍一家独大，但随着北斗、伽利略等系统建设的完成，GPS 的优势正在被减弱，且北斗作为后研发的系统，在功能上有一些优越性。首先，我国的北斗导航系统首次创造了三种不同轨道的混合星座，由于高轨卫星多，因此抗遮挡能力强，在低纬度地区该性能更为明显；其次，北斗导航系统具有短报文通信功能，应用方向更广泛；最后，北斗导航系统以“星间链路”的连接方式取代全球建地面站的方式，可不依赖地面通信站实现导航和通信功能。

2. 自主创新是走向科技强国之路的必然途径

北斗的成功再次告诉我们，无论是国家崛起还是军队转型，没有自主创新就不可能掌握主动权，核心技术是买不来的，依靠引进也是靠不住的，依赖于人必然受制于人。如果没有自主创新的产品，企业就难以有市场；如果没有自主创新的装备，军队就难以决胜战场。19 世纪中叶，英国武器制造商阿姆斯特朗发明了膛线炮和后膛炮，第一时间将其用在武器系统上，很快在战场上占得了先机。伊拉克战争中，西方国家一指按键，伊拉克军队花费巨资打造的防空系统立即瘫痪，根源就在于“自家的门上装的是别人的锁”。

从“两弹一星”到“神舟”“北斗”，从“东风”到“银河”“天河”，历史经验一再证明，我国国防科技发展较好的领域靠的就是自主创新。一味依靠外援、想走“捷径”的项目，通常发展缓慢甚至夭折，即使一时取得成功也很难掌握核心技术。要想在世界新一轮军事革命中掌握主动权，就必须牢牢扭住国防科技自主创新这个战略基点，变“为我所用”为“由我所创”，只有增强自主创新能力，才能巩固和扩大在世界前瞻性、战略性军事科技领域的优势。

3. 举国体制在科技原始创新中的重要作用

实践证明，无论是应对事关国家安全和发展、事关社会大局稳定的重大风险挑战，还是在激烈的科技创新竞争中抢占制高点、掌握主动权，始终离不开关键核心技术的强力支撑。关键核心技术的研发涉及多种资源的协调、多条线路的协同和多个团队的创新，往往需要政府和科技部门的有效组织和引导，特别是在打造“国之重器”时，甚至需要倾注举国之力。北斗卫星导航系统的研发充分体现了举国体制在重大科技创新中的重要作用。参加研制的专家、科研人员数万人，涉及多家科研院所、大学和相关企业，可以说这是一次举国之力的科研大会战。北斗导航卫星定位系统的地面系统建设，也体现出国家意志的推动性。北斗卫星的研制和发射，北斗地面系统建设必须由政府主导进行，需要各“国家队”主导参与建设，承担核心技术、产业规划和标准制定的历史责任。这是政府举国体制推动的成果，是国家综合国力最直接的体现[10]。这一体制已经在新中国科技创新的历史上发挥了巨大作用，如“两弹一星”工程、航天工程，甚至新冠病毒疫苗的研制，无不受益于这一科研体制，这是我国社会主义制度下科研的一大优势，充分发挥了集中力量办大事，统筹各方力量，以最快速度实现科研攻关的作用。我们要想不断完善关键核心技术攻关的新型举国体制，既要加大协同创新力度，充分发挥社会主义制度优越性，又要通过市场的决定性作用来优化资源配置，使举国体制更加科学、集约、有效。达成这一目的，就需要更好地处理政府和市场的关系，让更多的创新要素向企业集聚，激发市场主体的创新活力。我们要灵活运用这一体制优势，不断突破核心技术的瓶颈，掌握更多具有自主知识产权的核心科技，拿出更多“硬核”产品，助力国家科技创新。

8.4 科大讯飞：智能语音与人工智能领域的前行者

科大讯飞股份有限公司是亚太地区最大的智能语音和人工智能上市公司。科大讯飞公司自创建以来，一直致力于自然语言理解、智能语音、机器自主学习推理等人工智能核心技术领域，并长期在这些领域保持国际领先水平。智能语音技术和人工智能产业属于高门槛的核心技术创新领域，需要与世界各大人工智能企业展开激烈的技术竞争。在激烈的市场竞争中，科大讯飞公司坚持源头创新，保持技术竞争优势。从智能语音技术开始，再到人工智能技术，科大讯飞在该技术领域不断摸索，用人工智能为行业赋能。目前已推出的人工智能服务及产品，包括教育、政法、医疗、智慧城市、智能家居、消费者、汽车、运营商等关系社会民生领域的行业，其推出的翻译机、学习机、录音笔、电子书、电子笔记本等电子产品在消费市场上取得了良好的市场反响。

8.4.1　案例背景

20 世纪 90 年代末，中国语音市场尚处于待开发状态，IBM、微软和摩托罗拉等在语音技术领域拥有优势的国际巨头公司对中国语音的潜在市场虎视眈眈。1999 年底，以刘庆峰为首的一群中国科学技术大学学生秉持“技术报国”的理念，以“讯飞”为名注册成立了一家小型创业公司。他们梦想通过人工智能语音技术让全世界聆听中国的声音，要让“中文语音技术由中国人做到最好，中文语音产业掌握在中国人自己手中”。经过 20 年持续不断的技术研发、技术创新，科大讯飞股份有限公司的语音技术已在多领域、各方面得到广泛而深入的运用。截至 2019 年 2 月底，科大讯飞人工智能产业生态云平台平均每天通过 47 亿次服务，为超过 94 万个开发团队和 60 余万个应用提供技术支撑，累计终端数量超过 22.8 亿台，平台应用数量、交互频度、发布产品数等主要指标均位于行业第一[11]。科大讯飞坚持“语音产业”的梦想，并在人工智能时代走在了阅读理解、逻辑推理等认知智能研究领域的前沿，成为全球智能语音头部企业。目前，以科大讯飞为中心的人工智能生态已经逐步构建。以科大讯飞为代表的中国人工智能企业已经稳居人工智能研究的第一梯队并在引领该项技术的发展。

8.4.2　案例过程

科大讯飞公司成立之初，公司定位于研究语音识别、图像识别等技术并通过快速发展实现产业化。2000 年，科大讯飞在关键战略会议——巢湖“半汤会议”上定下了《讯飞产业规划》，坚定地将语音交互技术的自主研发和产业化落地作为讯飞的核心战略方向。从智能语音技术开始，再到人工智能技术，科大讯飞在技术领域的不断摸索中总结出了自己的发展路径，在人工智能三个阶段中沉淀与前行：运算智能、感知智能、认知智能[12]。运算智能是指快速计算和记忆存储的能力，就是让机器“能存会算”。现阶段计算机在运算能力和存储能力方面与人类相比具有显著优势。

从国际象棋比赛到中国围棋比赛，人类顶尖高手在一次次比赛中败北，无法战胜拥有强大计算能力的人工智能，这一事实说明在强运算领域人工智能拥有巨大优势。感知智能是指视觉、听觉、触觉等感知能力，人和动物都可以通过各种智能感知能力与自然界进行交互。感知智能就是让机器"能听会说"。机器在感知世界方面比人类更有优势。机器想要听清楚人说的话，依靠的就是语音识别技术，科大讯飞在这一领域具有显著优势。从2008 年开始，科大讯飞连续在国际说话人、语种识别评测大赛中名列前茅；在使机器开口说话的语音合成技术方面，科大讯飞的中文合成音在业界也是全世界唯一超过普通人说话水平的系统。认知智能通俗地讲是"能理解、会思考"。正是由于人类有语言，所以才有概念、才有推理，概念、意识、观念等都是人类认知智能的表现。认知智能也是人类所独有的，能够理解语言、进行思想表达和逻辑推理。认知智能属于人工智能发展的高级阶段，也是目前人工智能领域需要攻克的技术难关。

2010 年 10 月，科大讯飞在业界率先发布集成了语音合成、语音搜索和语音听写等交互能力的"讯飞语音云"平台。从 2014 年开始，科大讯飞启动了"讯飞超脑"计划，专注认知智能领域的研究。通过语音识别和语义理解在底层的深入融合，目前在语音交互上，已经研制完成可量产的支持远场识别、全双工、多轮交互、方言识别等特性的软硬件一体化的AIUI 产品方案，显著提升了人机语音交互的成功率和人机交互开发的便捷性，已经成功地在智能音箱、智能电视、智能汽车、智能家居、智能机器人等领域实现广泛的前瞻引领和规模化应用落地。2017 年，科大讯飞正式被认定承建我国首个认知智能国家重点实验室，这也是我国在认知智能领域的第一个国家级重点实验室。

8.4.3 案例启示

1. 坚持源头技术创新，积累技术领先优势

在科大讯飞发展之路上，源头技术创新一直以来居于公司发展战略最突

出的位置。源头技术创新属于原始创新领域，也是企业居于行业领头位置的关键性技术。科大讯飞一直秉持“顶天立地”的创新理念，始终强调源头创新，抢占技术竞争制高点。科大讯飞的源头技术创新分为两个方向：一是与应用研究相关的创新，主要着眼于市场需求，强调提升用户体验感；二是谋划未来发展的源头创新，主要针对未来人工智能领域的技术创新发展趋势，谋求技术前沿领域的开拓与创新，攻克关键性技术与核心技术，以保持竞争优势。为了强化源头技术创新，科大讯飞不断强化技术研发投入。一方面，保持高比例研发投入。自 2010 年以来，科大讯飞 R&D 经费投入占当年营业收入比例始终保持在 20% 以上，远超国家标准界定的高新技术企业 3% 的水平[13]。提升技术研发投入不仅有利于取得高技术竞争的优势，也为产品在市场上的应用推广提供了良好的环境氛围。另一方面，不断提升研发投入转化效率。科大讯飞每年的研发投入达到可资本化标准的比例维持在 30% 以上，在语音合成、语音识别、认知智能技术领域均达到国际领先水平。

2. 强化应用创新，不断开拓市场

科大讯飞利用技术上的领先优势与语音技术的广泛适用性特点，将语音识别技术与人工智能相结合，加强技术产品与应用的研发，在教育、医疗、政务、翻译、传媒等多领域得到充分的运用，取得了市场效益与社会效益的双丰收。在教育领域研发智慧教育产品，利用自动评测和知识图谱技术辅助教学，通过自动分析学生的课堂练习、课后作业和考试数据，为每个孩子提供个性化作业和定制化服务。在医疗领域，智慧医疗产品已在全国 130 家三甲医院、近 2000 家基层医疗卫生机构落地应用。在政法领域，针对法院实际业务需求，科大讯飞打造智慧法院业务整体方案，推出智能法官助手软件、智能庭审系统、智能审委会系统等产品及其应用，其中智能庭审系统率先被应用到全国近 30 个省份 400 多家法院[14]。科大讯飞在翻译领域也取得了骄人的战绩。2018 年“双十一”的销量榜单中，讯飞翻译机 2.0 占据翻译机品类 70% 的销售份额，在京东平台用户好评率高达99%。此外，讯飞听见、讯飞智能办公本、讯飞智能录音笔等办公类电子产品也深受消费者喜爱，成为协助人们办公的电子伴侣。

3. 以企业为主体开展产、学、研合作

科大讯飞从源头整合外部行业研发资源，通过与高校及科研机构、政府机构及企事业单位、行业企业、独立科研团队以共建联合实验室等形式展开合作，构建出一套特殊的“卫星型”研发体系，形成了以企业为主体，产、学、研相结合的技术研究模式。科大讯飞整合内部的研发部门、开放平台和外部的创新源头资源，实现了从智能语音到人工智能、从全国到全球的全面布局。智能语音技术具有交叉学科的特点，必须通过产业源头的技术资源整合才能实现核心技术的实质性突破。例如，中科院声学所在声学信号研究方面独树一帜，中国社科院语言所的特长在于汉语音律的研究，中国科技大学则在语音数字信号处理和算法研究方面具有明显优势，因此将三者优势整合起来形成研究合力势在必行。科大讯飞公司在获得第一笔融资后建立利益共享机制，先后与中科大、中科院声学所、中国社科院语言所成立语音技术联合实验室，让这些科研院所专注于各自优势方向的研究、发展和创新，最后由科大讯飞提供统一的产业运作和转化平台，实现研究成果向产业发展的转化，完成了对产业核心源头技术的资源整合[15]。借助这一利益共享机制，科大讯飞从源头上完成了技术的整合，形成技术研发的聚焦优势，从而为其在智能语音与人工智能领域厚植优势，为构筑技术源头创新的壁垒奠定了坚实的基础。

本章参考文献

[1]李连达,李贻奎. 中药现代化的历史丰碑:屠呦呦与青蒿素［J］. 科技导报,2015(20):28.

[2][3]孙秋霞. 屠呦呦 :让青蒿素走向世界[J]. 中国科技奖励,2015(6):24—25.

[4]张成岗.青蒿素研发及屠呦呦获得诺贝尔奖的启示[J].科技导报,2015(20):88.

[5][6]李陈续,刘爱华.潘建伟 :量子世界的“中国耕者”[N].光明日报,2015－06－02.

[7]周绮.潘建伟．中国量子之父 [N].中国经济周刊,2020－12－30.

[8]徐海涛.中国科大:从“原始创新”到“尖端产业”[EB/OL].(2012－02－28).http://www.huaxia.com/ ah－tw/ahyw/2012/02/2762883.html.

[9]韩雨,潘建伟:量子领域占领科技高地 科学前沿闪耀中国光芒[J].中国科技产业,2014(9):73.

[10]江博,安庆,李光,等.科技创新驱动下北斗产业发展的战略分析[J].科技与经济,2019(2):27.

[11][14]淦凌云,卫萌.科大讯飞:从语音到 AI 的前行之路[J].中国工业与信息化,2019(4):45,46.

[12]陈平.科大讯飞:“让世界聆听中国的声音”[J].中国商业,2018(1):90.

[13]梅新蕾,李文.科大讯飞:探寻人工智能的实现路径[J].清华管理评论,2018(12):13.

[15]淦凌云,卫萌,王竹梅.科大讯飞:顶天立地,自主创新[J].安徽科技,2017(3):27.

后　记

本书在已有关于原始创新问题的研究资料基础上，从跨学科角度对原始创新问题进行了较为系统的综合性研究。从原始创新的概念、动力、环境、过程与机制、主体与思维等多维角度，初步探讨了原始创新活动的基本理论问题，并以此为基础分析了我国科技原始创新能力不足的现象、原因并提出对策。具体来说，本书主要做了以下四个方面的工作。

第一，原始创新概念的分析与界定。学术界在原始创新的内涵及概念界定方面存在较大分歧。本书整理、分析了原始创新的内涵，对与原始创新密切相关的概念，如创新、创造、发现、发明等在语义上做了进一步的区分，廓清了原始创新与技术创新、知识创新等概念之间的关系。原始创新具有首创性、自主性、突破性、不确定性、风险性等特点。原始创新主要是指在基础研究或应用基础研究领域中首次获得的、能够引发持续性创新的重大理论突破或重大发现、发明。原始创新对于一国科技的发展具有极其重要的作用，它是自主创新的核心，是科技竞争的制高点。

第二，原始创新的动力与机制研究。本书运用系统理论与方法，将原始创新活动看作一个包含创新主体、创新环境、创新动力、创新机制、创新思维等在内的有机整体。原始创新的内部动力主要有科学争论、哲学洞察、科学精神、学科交叉与潜科学理论探索等；外部动力主要有科学奖励制度、社会需求、政府政策、科学中心的示范效应等几个方面。从原始创新产生的途径与方法上看，原始创新的主要机制分为以下五种：灵感直觉型、哲学助产型、科学臻美型、交叉创造型和机遇偶得型。原始创新的孕育与激发离不开这五种机制的相互作用。

第三，原始创新的外在环境与内在过程。原始创新离不开一定的外部环境，创新活动与环境之间相互影响、相互联系。本书分别从物质环境、组织环境、制度环境、文化环境四个方面分析了原始创新的社会环境，其中组织环境属于原始创新的内环境，它是指科学家组织即科学共同体的内在结构与激励制度等；而物质、制度与文化环境属于原始创新的外环境，主要是指宏观的社会环境，包括科研设备与投入、科研管理制度、创新文化环境等方面。本书以知识螺旋理论为背景描述了原始创新的内在过程。原始创新从知识管理的角度看，可以分为原始创新孕育、原始创新激发、原始创新验证与原创扩散四个阶段，每个阶段都有其对应的知识流动方式与影响因子。通过分析四个阶段的特点与要素，构建了基于知识螺旋的原始创新演化机制模型。

第四，原始创新的主体与思维。原始创新主体是原始创新活动最能动的要素。原始创新活动就是原创主体运用创造性思维进行科学研究的结果。作为原始创新主体的科学家具有与一般性创新不同的科学素养与品格特点，原创主体思维也有其特点及结构，本书以我国院士的原创思维的实证研究对原创主体的思维方式与思维结构等进行了初步研究，指出原始创新思维是概念思维与意象思维的辩证统一。

原始创新是一个极为复杂的跨学科问题，本书尝试从系统论、知识管理等视角对原始创新的动力、环境、过程、机制、思维等方面进行研究。由于受研究问题的复杂性与现有研究资料的限制，本书对原始创新活动的分析与研究还有待进一步深化与拓展。从研究内容来看，原始创新的理论研究在以下两个方面有待做进一步研究。

首先，原始创新的方法论研究是原始创新的一个重要内容，本书只是在论述原始创新思维的章节中有所涉及，并未详细展开论述。原始创新与一般性创新在方法论方面有何不同，如何通过方法论的研究促进原始创新能力的提高，这既是一个重要的理论问题，也具有很强的现实意义，因此这些也是作者今后努力的一个方向。

其次，在论述原创主体与原创思维一章中，作者主要从科学家个体角度分析了原始创新主体的科学素养与独特品质。随着科学规模的日益扩大，仅靠科学家个体的原始创新已经越来越少，而是更多地表现在科研组织层面上，如以试验室、科研中心、无形学院或各种科研组织，甚至国家之间的合作等形式出现。本书对科研团体的原始创新尚未涉及，但这无疑是原始创新研究一个非常重要的领域，有待进一步探索与研究。

总而言之，关于原始创新的理论研究目前尚处于初步探索阶段，国内外相关研究较少，这给进一步的深入分析与研究带来了困难。原始创新是一个深邃的话题，一方面由于它指向了科学创造的源头，具有极大的不确定性，许多矛盾尚未充分暴露出来；另一方面，由于原始创新涉及哲学、管理学、心理学、社会学、创造学等许多学科与领域，其本身具有极高的复杂性。因此，本书在现有理论研究的基础上对原始创新的规律性进行了初步的探索和分析。由于作者学识水平和能力有限，加上研究难度较大，书中有不妥之处在所难免，敬请各位专家学者批评指正。